U0616681

广西高水平学校建设之铁道信号自动控制专业群研究成果

铁道供电技术
专业课程标准

程　洋　吕盛刚　杜伟静　方　林
梁　静　赵文飞　黄　绘　于燕平　著
张丽丽　周正龙　余现飞

西南交通大学出版社
·成　都·

图书在版编目（CIP）数据

铁道供电技术专业课程标准 / 程洋等著. 一成都：
西南交通大学出版社，2022.8
ISBN 978-7-5643-8890-4

Ⅰ. ①铁… Ⅱ. ①程… Ⅲ. ①电气化铁道 – 供电 – 高
等职业教育 – 教学参考资料 Ⅳ. ①U223.6

中国版本图书馆 CIP 数据核字（2022）第 158755 号

Tiedao Gongdian Jishu Zhuanye Kecheng Biaozhun

铁道供电技术专业课程标准

程　洋　　吕盛刚　　杜伟静　　方　林

梁　静　　赵文飞　　黄　绘　　于燕平　　著

张丽丽　　周正龙　　余现飞

责任编辑	梁志敏
封面设计	何东琳设计工作室

出版发行	西南交通大学出版社 （四川省成都市金牛区二环路北一段 111 号 西南交通大学创新大厦 21 楼）
邮政编码	610031
发行部电话	028-87600564　028-87600533
网址	http://www.xnjdcbs.com
印刷	四川煤田地质制图印刷厂

成品尺寸	210 mm × 285 mm
印张	9.75
字数	272 千
版次	2022 年 8 月第 1 版
印次	2022 年 8 月第 1 次
定价	68.00 元
书号	ISBN 978-7-5643-8890-4

图书如有印装质量问题　本社负责退换
版权所有　盗版必究　举报电话：028-87600562

前言
PREFACE

　　柳州铁道职业技术学院是全国铁道通信信号专业教学指导委员会主任单位和广西轨道交通工程职教集团牵头单位，2020 年入选广西高水平高职学校和高水平专业建设计划建设单位。学校铁道信号自动控制专业群是广西高水平专业群建设专业群之一，为使我校的教育资源进一步优化整合与共享，加强核心专业建设，带动相关专业提升，提高办学效益，学校依据自身独特的办学优势，以铁道信号自动控制专业为核心专业，根据中国国家铁路集团有限公司"工电供"改革方案和对高铁综合维修复合型人才的需求，充分融合了铁道信号自动控制、铁道工程技术、铁道供电技术、铁道通信与信息化技术、高速铁路综合维修技术等 5 个专业。

　　为加快铁道信号自动控制专业群发展，各专业团队按照"对接轨道交通产业链、专业基础相通、技术领域相近、职业岗位相关"的原则，全面贯彻执行教育部发布的职业教育国家教学标准，将国家标准要求落实到专业教学标准体系建设过程中。项目组成员总结已有经验，升华和共享理论成果，与企业专家一同编写了专业课程标准，使本专业与专业群内其他专业在专业基础相通、技术领域相近、职业岗位相关工作等内容上有机结合，优化专业布局，彰显行业特色，体现了人才的岗位适应性和职业迁移能力，以适应轨道交通企业对复合型高技术人才的需求，逐步形成特色长效的专业（群）课程体系，促使专业间合力的形成，实现专业链与产业链对接，发挥专业集群优势，提升服务产业能力，进一步促进校企合作深入开展，充分发挥铁道信号自动控制专业群的引领辐射作用。

　　本书根据《高等职业学校铁道供电技术专业教学标准》，结合我校多年来的教学实践经验，联合企业进行编制和审定，课程所设课时是按照完成专业核心课主要教学内容进行设定的。程洋、吕盛刚、杜伟静、方林、梁静、赵文飞、黄绘、于燕平、张丽丽、周正龙、余现飞参与了编著工作，编写过程中得到了中国铁路南宁局集团有限公司柳州供电段、南宁供电段等企业专家的大力支持，在此表示衷心的感谢！

　　由于时间和水平有限，本书还有需要完善之处，我们将以虚心和诚恳的态度听取广大读者的批评和指正。

笔　者

2022 年 8 月

目 录
CONTENTS

1 专业基础课

1.1 "电工技术"课程标准

1.1.1 课程信息

1. 课程基本信息（见表 1-1-1）

表 1-1-1 课程基本信息

课程名称	电工技术	开课部门	铁道供电教研室	
课程代码		课程性质	专业基础课	
参考学分/学时	4.0/66	考核性质	考试	
适用专业	铁道供电技术	课程类型	理论课	√
			实践课	
			理论+实践（整周）	
			理实一体化	

2. 课程建设团队（见表 1-1-2）

表 1-1-2 课程建设团队名单

序号	姓名	工作单位	职称/职务
1	赵××	柳州铁道职业技术学院	讲师
2	梁×	柳州铁道职业技术学院	讲师
3	杜××	柳州铁道职业技术学院	讲师
4	于××	柳州铁道职业技术学院	副教授/工程师
5	周××	柳州铁道职业技术学院	助教

1.1.2　课程性质

1. 课程类型

本课程是铁道供电技术专业必修的一门基本素质课，是学生在学习了"高等数学""物理"课程、具备了运算以及逻辑思维能力的基础上，开设的一门理论课。

本课程的主要任务：

（1）对接电气化铁道供电技术专业人才培养目标，面向轨道供电类工作岗位，培养学生初步具备识读电路图、计算基本电路的能力，分析电路一般问题的能力，学习和应用电气电子技术工程新知识、新技术的能力。

（2）为后续专业课程的学习奠定基础。

2. 课程功能定位（见表 1-1-3）

表 1-1-3　课程功能定位分析

对接的工作岗位	对接培养的职业岗位能力
变配电值班员	1. 能够认识一般电气图中的常用图形符号和绘制简单电气原理图
	2. 能够区别一般电工材料分类，认识常用的金属导体材料、绝缘材料
	3. 熟悉常用的直流电路元件电阻、电池的结构、外表
	4. 会应用万用表测电阻元件质量参数、会测定电池和电阻的电压、电流
接触网工	1. 能够认识一般电气图中的常用图形符号
	2. 能够根据电气原理图进行线路原理分析与故障原因分析
	4. 能够正确使用万用表等电工仪表
	5. 具备电工作业基本安全知识和意识
电力线路工	1. 具备基本电气原理图常用图形符号的识别能力
	2. 能够根据电气图进行线路原理与故障原因分析
	3. 能够正确使用万用表等电工仪表
	4. 具备电工作业基本安全知识和意识

1.1.3　课程目标与内容

1. 课程总目标

（1）熟悉电工技术的基本概念、基本定律和定理，熟悉常用设备的组成和特性。

（2）初步具有识读电路图、计算基本电路的能力。

（3）初步具有分析电路一般问题的能力。

（4）初步具有学习和应用电气技术工程新知识、新技术的能力。

（5）了解与本课程有关的技术规范，培养严谨的工作作风和创新精神。

2. 课程具体目标（见表 1-1-4）

表 1-1-4　课程教学目标与内容

序号	毕业要求指标点	知识目标	技能目标	素质目标	教学内容
1	能够利用电路模型识别出实际电路，对电路各物理量能够进行简单的求解	掌握电路及电路模型概念、电压和电流的定义、电路各元器件的特性，以及利用基尔霍夫定律列电路方程	能够根据所学理论，会绘制电路模型，会进行简单的电路计算	基础知识学习的能力及电路模型理解能力	电路的基本概念和基本定律
2	能够合理地简化电路，会使用直流电压表、电流表并会扩大电压电流仪表的量程	掌握实际电源的等效变换，熟练掌握电阻串联、并联、混联时的等效电阻计算和分压、分流电路的应用	能够准确地将实际电路元件进行简化，能够熟练地计算或测出各点电位	分析能力、绘图能力、计算能力	线性电路的分析方法
3	能够了解电源的分类和发电原理，懂得节能以及提高功率因数的方法，认识交流元件以及不同条件下其等效电路	了解简单交流发电机原理、掌握正弦量的频率、角频率、周期关系、同频率正弦量相位的比较、正弦量解析式、波形图、矢量图的相互转换、掌握元件的各物理量	能够准确理解交流电路的原理，会绘制交流电路中相关物理量的波形、使用电笔、单相调压器、交流电压表、电流表、信号发生器	分析能力、动手操作能力、计算能力	正弦交流电路及应用
4	能够识别火线、地线、相电压、线电压，熟知安全电压范围和安全用电常识	掌握三相电源和负载作星形联接、三角形联接的方式及相电压与线电压的关系、相电流、线电流以及中线电流的关系、掌握两种接线方式下的相关物理量的计算	能够准确识别实际电路中的线路以及线路的参数，懂得安全用电以及具有安全隐患意识	识图能力、分析能力、计算能力	三相交流电路
5	能够清楚认识变压器的结构、分类和用途，能够使用万用表进行测量	掌握耦合电路中自感互感的原理、互感线圈串并联及等效电感的分析计算方法、空芯变压器的分析方法以及理想变压器的相关计算	能够根据变压器的原理进行计算变压器的相关参数计算，会准确使用万用表测量参数值	学习能力、计算能力、操作能力	互感耦合电路
6	能够熟悉 RC 瞬态过程电压、电流的变化规律，以及其过程的应用，能够测试电路的时间常数	能够理解 RC 串联电路的充电、放电过程，能够定性分析 RL 串联电路的动态过程，理解时间常数含义	能够根据换路定律分析 RC、RL 电路的动态过程、理解和应用三要素法分析一阶电路	分析能力、逻辑思维能力、计算能力	电路的暂态分析

3. 课程教学内容（见表 1-1-5）

表 1-1-5　课程教学安排

序号	项目（模块）	任务（单元）	教学内容	重点、难点	学时
1	第 1 章：电路的基本概念和基本定律	1.1 电路和电路模型 1.2 电路的基本物理量	电路和电路模型；电路的基本物理量及参考方向；电压、点位、电动势；电功率及电能	重点：电路和电路模型；电压、电流、电位概念、方向、单位。 难点：电压、电流的参考方向	2
		1.3 电阻元件及欧姆定律	电阻元件的定义，线性电阻和非线性电阻，电阻元件电压与电流关系，欧姆定律	重点：电阻定义、欧姆定律。 难点：欧姆定律	2
		1.4 电压源与电流源	电压源和电流源概念及特点；两种实际电源模型的等效变换	重点：两种实际电源模型的等效变换。 难点：电压源和电流源特点；两种实际电源模型的等效变换	2
		实验一：直流电路的认识实验	学会使用电工原理实验箱。让学生学会使用电工仪器，掌握基础的根据电路图接线功能。验证直流电路欧姆定律，并联电路压流关系	重点：直流稳压电源的使用；万用表等的使用。 难点：万用表的使用	2
		1.5 基尔霍夫定律（一）	支路、节点、回路、网孔的定义；基尔霍夫电流定律；应用 KCL 列写电路方程的方法	重点：应用 KCL 列写电路方程的方法。 难点：应用 KCL 列写电路方程的方法	2
		1.5 基尔霍夫定律（二）	支路、节点、回路、网孔的定义；基尔霍夫电压定律；应用 KVL 列写电路方程的方法	重点：应用 KVL 列写电路方程的方法。 难点：应用 KVL 列写电路方程的方法	2
		实验二：基尔霍夫定律的验证	验证基尔霍夫定律，加深对基尔霍夫定律的理解；直流电路分析方法	重点：电路中电压、电流的测量方法。 难点：电路的连接	2
2	第 2 章：线性电路的分析方法	2.1 电阻的串、并联和混联电路	串、并联电路的概念及特点；用分压、分流公式解题	重点：串、并联电路的概念及特点。 难点：用分压、分流公式解题	2
		2.3 支路电流法	基尔霍夫电流定律和电压定律；支路电流法求解电路的方法	重点：掌握应用支路电流法求解电路的方法。 难点：掌握应用支路电流法求解电路的方法	2
3	第 3 章　正弦交流电路及应用	3.1 正弦交流电的基本概念	正弦交流电路的参考方向及 T、f；三要素的概念、相位差的含义、三要素	重点：三要素以及相位差。 难点：参考方向、相位差	2
		3.2 正弦量的相量表示法（一）	复数的几种表示方法以及相互间的转换；复数的四则运算方法；正弦量的相量和相量图表示方法	重点：正弦量的相量和相量图表示方法。 难点：复数的表示方法	2

序号	项目（模块）	任务（单元）	教学内容	重点、难点	学时
3	第3章 正弦交流电路及应用	3.2 正弦量的相量表示法（二）	正弦量表示法	重点：正弦量表示方法。 难点：正弦量三种表示法	2
		3.3 单一原件的正弦交流电路（一）	电感的定义；电阻、电感元件上的 u-i 关系、储能公式运用	重点：电阻、电感元件上的 u-i 关系、储能公式运用。 难点：电阻、电感元件上的 u-i 关系、储能公式运用	2
		3.3 单一原件的正弦交流电路（二）	电容的定义；电容元件上的 u-i 关系、储能公式运用	重点：电容元件上的 u-i 关系、储能公式运用。 难点：电容元件上的 u-i 关系、储能公式运用	2
		3.4 电阻、电感、电容串联电路（一）	电阻、电感和电容串联电路的交流特性	重点：交流电路中电压 u 与电流 i 的关系。 难点：交流电路中电压 u 与电流 i 的关系	2
		3.4 电阻、电感、电容串联电路（二）	电阻、电感和电容并联电路的交流特性	重点：交流电路中电压 u 与电流 i 的关系。 难点：交流电路中电压 u 与电流 i 的关系	2
		3.5 串联电路谐振	串联谐振电路的概念、条件；谐振电路的特征	重点：串联谐振电路的特征、条件。 难点：串联谐振电路的特征	2
		实验三：正弦交流电路的认识	函数信号发生器；双踪示波器；毫伏表；单相调压器；试电笔	重点：函数信号发生器；双踪示波器；毫伏表等参数的含义；单项调压器及试电笔使用。 难点：学会双踪示波器及函数信号发生器的使用方法	2
		3.6 正弦交流电路中的功率	有功功率、无功功率、视在功率、功率因数的概念、单位及计算	重点：有功功率、无功功率、视在功率、功率因数的概念及计算。 难点：电路的分析及计算	2
		3.7 功率因数的提高	提高功率因数的意义；提高功率因数的方法	重点：理解提高功率因数的意义，掌握并联电容的计算。 难点：电路的分析及计算	2
4	第4章 三相交流电路	4.1 三相电源（一）	三相交流电的产生、表示方法。三相电源绕组的连接及相电压与线电压的关系	重点：电源绕组的接法、线电压与相电压的关系。 难点：线电压与相电压的关系	2
		4.1 三相电源（二）	三相负载的连接方法及相电流与线电流的关系	重点：三相负载的连接方法及相电流与线电流的关系。 难点：相电流与线电流的关系	2

序号	项目（模块）	任务（单元）	教学内容	重点、难点	学时
4	第4章 三相交流电路	4.2 对称三相电路分析计算（一）	Y电路的分析计算方法	重点：掌握Y电路的分析计算方法。 难点：掌握Y电路的分析计算方法	2
		4.2 对称三相电路分析计算（二）	△电路的分析计算方法	重点：掌握△电路的分析计算方法。 难点：掌握△电路的分析计算方法	2
		4.3 三相电路的功率	对称三相电路的功率计算	重点：对称三相电路的功率计算。 难点：对称三相电路的功率计算	2
		实验四：三相交流电路电压、电流的测量	三相负载Y形联结及△形联结、电压、电流测量方法等	重点：三相负载Y形联结及△形联结、电压、电流测量方法。 难点：Y、△形联结、电压、电流测量	2
5	第5章 互感耦合电路	5.1 自感与互感	自感现象互感现象；互感系数、耦合系数、互感电压、同名端的定义及计算	重点：互感系数、耦合系数、互感电压、同名端的定义及计算。 难点：互感系数、耦合系数、互感电压、同名端的定义及计算	2
		5.2 空芯变压器 5.3 理想变压器	交流铁心线圈磁通、电压、电流、功率的计算；变压器的组成、原理、用途	重点：交流铁心线圈的磁通、电压、电流、功率的计算；变压器的组成、原理、用途。 难点：交流铁心线圈的磁通、电压、电流、功率的计算；变压器的组成、原理、用途	2
6	第6章 线性电路的瞬态过程	6.1 瞬态过程及换路定律	瞬态过程、换路定律及电压、电流初始值的计算	重点：换路定律及初始值计算。 难点：换路定律及初始值计算	2
		6.2 RC电路的瞬态过程	RC电路的充电、放电过程，时间常数的概念	重点：了解RC电路的充电、放电过程，时间常数的概念。 难点：掌握RC电路瞬态过程分析及计算	2
		6.3 RL电路的瞬态过程	RL电路的动态过程（定性分析），时间常数概念	重点：了解RL电路的变换过程，时间常数的概念。 难点：掌握RL电路瞬态过程分析及计算	2
		6.4 一阶电路的三要素法	一阶电路瞬态过程的一般规律；用三要素法分析一阶电路	重点：用三要素法写出瞬态过程的表达式。 难点：用三要素法写出瞬态过程的表达式	2

1.1.4　课程考核

课程考核采用即过程考核和终结性考核相结合的方式（见表1-1-6）。过程考核占40%，终结性考核占60%。过程考核可包括考勤、期中成绩、作业。终结性考核为标准化试题的闭卷考试。

表 1-1-6　课程评价总表

项目	评价内容	得分	权重	总比例	总评
终结性考核	期末考试		60%	60%	100%
过程性考核	考勤		10%	40%	
	期中成绩		20%		
	作业		10%		

1.1.5　实施要求

1．授课教师基本要求

（1）具备电路分析基础、电子技术基础、物理、高等数学的理论知识，具有完成简单电路绘制和模拟电路基础实验的基本技能。

（2）具有高等学校教师资格证书。

2．教学方法和策略

（1）教学方法：结合课程理论性较强难于理解记忆的特点，主要采用讲授法、练习法、讨论法、演示法等教学方法。

（2）教学策略：在教学过程中，根据课程知识点的特点，对于理论知识部分的讲授主要以多媒体教学为主，通过图片、动画等形式将枯燥的理论知识变得形象、生动，同时通过实物和部分实验将学过的理论知识应用在实践中，从而取得良好的教学效果。

3．教材和数字化资源的选用（见表1-1-7、表1-1-8）

表 1-1-7　电工技术课程教材选用

序号	教材名称	出版社	主编	出版日期
1	电路分析基础	中国铁道出版社	唐志珍	2018.1

表 1-1-8　电工技术课程参考教材选用

序号	教材名称	出版社	主编	出版日期
1	电工基础	人民邮电出版社	李福民	2012.7
2	电路分析基础	电子工业出版社	汪赵强	2011.12

1.2 "电子技术"课程标准

1.2.1 课程信息

1. 课程基本信息（见表 1-2-1）

表 1-2-1 课程基本信息

课程名称	电子技术	开课部门	铁道供电教研室	
课程代码		课程性质	专业基础课	
参考学分/学时	4.0/66	考核性质	考试	
适用专业	铁道供电技术	课程类型	理论课	√
			实践课	
			理论+实践（整周）	
			理实一体化	

2. 课程建设团队（见表 1-2-2）

表 1-2-2 课程建设团队名单

序号	姓名	工作单位	职称/职务
1	于××	柳州铁道职业技术学院	副教授/工程师
2	赵××	柳州铁道职业技术学院	讲师
3	陈×	柳州铁道职业技术学院	讲师
4	梁×	柳州铁道职业技术学院	讲师

1.2.2 课程性质

1. 课程类型

本课程是铁道供电技术专业的一门专业基础课程，课程包括"模拟电子""数字电子"两部分内容。电子技术基础知识和基本技能既能为后续课程打基础，又能在将来的工作中有所应用，是理论性很强的课程。

本课程的主要任务：

（1）通过学习，使学生获得电子技术方面的基础知识和技能，培养学生分析问题和解决问题的能力，为以后深入学习电子技术在专业中的应用打好基础。

（2）学习科学探究方法，发展自主学习能力，养成良好的思维习惯和职业规范，能运用相关的专业知识、专业方法和专业技能解决工程中的实际问题。

2. 课程功能定位（见表 1-2-3）

表 1-2-3　课程功能定位分析

对接的工作岗位	对接培养的职业岗位能力	对应岗位的知识点
变配电值班员	1.能够识别低压开关柜的组成部分	1. 二极管
		2. 三极管
	2.能够处理简单的电子器件的故障	1. 二极管
		2. 三极管
	3.能够利用数字电子技术解决设备的逻辑运算问题	1. 数字电路基础
		2. 组合逻辑电路分析
变电检修员	1.能够识别低压开关柜的组成部分	1. 二极管
		2. 三极管
	2.能够处理简单的电子器件的故障	1. 二极管
		2. 三极管
	3.能够利用数字电子技术解决设备的逻辑运算问题	1. 数字电路基础
		2. 组合逻辑电路分析
	4. 具备一定的电路故障查找及排除能力	1. 放大电路分析
		2. 组合逻辑电路分析
继电保护工	1.能够判断不同类型电子器件的开断状态	1. 二极管
		2. 三极管
	2.能够根据电平高低实现模拟电路和数字电路的转换	模拟量和数字量的转换
	3.具备逻辑电路分析和运算的能力	1. 放大电路分析
		2. 组合逻辑电路分析

1.2.3　课程目标与内容

1. 课程总目标

（1）了解电子元器件的性能，能识别与测试常用电子元器件。

（2）掌握电子电路的工作原理，并会分析具体的电子电路。

（3）掌握有关数字电路的基础知识，并对数字电路系统有比较全面的认识。

（4）熟练掌握组合逻辑电路的分析和设计的方法。

（5）掌握同步时序逻辑电路的分析方法。

（6）熟练掌握典型数字电路的结构、原理及应用。

2. 课程具体目标（见表 1-2-4）

表 1-2-4　课程教学目标与内容

序号	毕业要求指标点	知识目标	技能目标	素质目标	教学内容	教学资源
1	能够完成二极管、三极管的简易测试	掌握二极管的结构、特性及工作原理	能够判别二极管的好坏和极性	动手操作能力	二极管基础知识	PPT 课件、教案
2		掌握三极管的结构、特性及工作原理	能够判别三极管的引脚和放大系数的测量	动手操作及运算能力	三极管基础知识	PPT 课件、教案
3	能够完成放大电路的微变等效分析及参数计算	掌握放大电路的结构及工作原理；掌握微变等效电路分析法；掌握静态工作点稳定电路的结构和各项指标	能够设计满足要求的放大电路	专业基础知识学习的能力及合作思考设计的能力	放大电路	PPT 课件、教案
4	会应用集成运算放大器	掌握集成运算放大器的特点及参数；掌握集成运放的线性应用	能够根据条件设计不同的运算电路	一定的推理运算能力	集成运算放大器	PPT 课件、教案
5	能识别放大电路的反馈类型	掌握反馈的基本概念；掌握不同负反馈电路类型的特点	能够根据电路图写出反馈的类型	识别电路图的能力	反馈放大电路	PPT 课件、教案
6	会数制转换及逻辑运算	掌握数制与码制的基本知识；掌握基本逻辑门；掌握逻辑运算法则	能够正确表示复合逻辑电路以及化简逻辑函数	培养学生计算能力，逻辑运算及推理能力	逻辑运算	PPT 课件、教案
7	能设计组合逻辑电路	掌握组合逻辑电路的分析；掌握常用的组合逻辑电路	能够按照要求设计组合逻辑电路的结构	培养学生严谨的思维	组合逻辑电路	PPT 课件、教案
8	会分析时序逻辑电路及应用计数器	掌握基本触发器的构成及工作原理；掌握时序逻辑电路的结构及特点；掌握计数器的基本知识	能够实现不同触发器的转换，能够应用计数器实现某些功能	思维转换能力及动手设计电路的能力	时序逻辑电路、计数器	PPT 课件、教案

3. 课程教学内容（见表 1-2-5）

表 1-2-5　课程教学目标与内容

序号	项目（模块）	任务（单元）	教学内容	重点、难点	教学方法和手段	学时
1	第1章：二极管及应用	1.1 二极管	1. 半导体及PN结的基本知识。 2. 半导体二极管的基本知识	重点：半导体二极管的伏安特性；半导体二极管的参数。 难点：PN结的导电特性；半导体二极管的伏安特性	讲授法、举例法、归纳法	2
		1.2 二极管的应用 1.3 特殊二极管 1.4 二极管的简易测试	1. 二极管的应用。 2. 二极管的应用电路的分析计算。 3. 二极管电路的好坏判断方法	重点：二极管电路的好坏判断方法；二极管应用电路的分析计算。 难点：二极管应用电路的分析计算	讲授法、分析法	2
2	第2章：三极管及放大电路	2.1 三极管	1. 三极管的基本知识。 2. 三极管的电流放大作用。 3. 极管的三种工作状态及条件。 4. 三极管的工作状态的分析判断	重点：三极管的电流放大作用；三极管的三种工作状态及条件。 难点：三极管的工作状态的分析判断	讲授法、举例法	2
		2.2 共射放大电路	1. 共射放大电路的功能、组成。 2. 共射放大电路组成和各元件作用、放大原理。 3. 静态工作点的计算和设置	重点：共射放大电路结构、元器件的作用；共射基本放大电路的工作原理分析。 难点：共射放大电路结构、元器件的作用；共射基本放大电路的工作原理分析	讲授法、分析法、讨论法	2
		2.4 放大电路的微变等效电路分析法	1. 三极管微变等效模型。 2. 微变等效电路分析方法。 3. 共射放大电路的动态参数的分析和计算	重点：三极管的微变等效模型；放大电路输入电阻、输出电阻的概念和计算；放大电路电压放大倍数的概念和计算。 难点：三极管的微变等效模型；放大电路输入电阻、输出电阻的概念和计算	讲授法、分析法	2
		2.5 静态工作点稳定电路	1. 分压式偏置电路稳定静态工作点的原理。 2. 静态工作点稳定电路的计算	重点：分压式偏置电路稳定静态工作点的原理；静态工作点稳定电路的计算。 难点：分压式偏置电路稳定静态工作点的原理；静态工作点稳定电路的计算	讲授法、分析法	2
		2.6 基本共射放大电路和静态工作点稳定电路分析	1. 基本共射放大电路的分析方法。 2. 静态工作点稳定电路分析方法	重点：基本共射放大电路静态和动态分析。 难点：静态工作点稳定电路静态和动态分析	讲授法、分析法	2
		2.8 多级放大电路	1. 多级放大电路的组成。 2. 性能指标和极间耦合方式	重点：多级放大电路的性能指标。 难点：多级放大电路的极间耦合方式	讲授法、举例法	2

序号	项目（模块）	任务（单元）	教学内容	重点、难点	教学方法和手段	学时
2	第2章：三极管及放大电路	2.8 差动放大电路	1. 零点漂移的概念。2. 差分放大电路的组成、工作原理及抑制零点漂移的原理	重点：差分放大电路的组成、工作原理。难点：差分放大电路抑制零点漂移的原理	讲授法、分析法	2
		实验一：二极管、三极管识别与检测	1. 使用万用表判别二极管的极性、材料及质量好坏、各电极判断。2. 使用万用表判别三极管的极性、材料及质量好坏、各电极判断	重点：使用万用表判别二极管的极性、材料。难点：使用万用表判别三极管的极性、材料及质量好坏、各电极判断	实验法、示范法、练习法	2
		实验二：常用电子仪器的使用	熟悉函数信号发生器、双踪示波器和数字万用表仪器面板上主要旋钮的作用；掌握其用途和使用方法；了解各仪器使用的注意事项	重点：相关仪器仪表的使用方法。难点：相关仪器仪表的使用方法	实验法、示范法、练习法	2
		实验三：单管共射放大电路	掌握单管共射放大器静态工作点的测试与调试方法、测量电压放大倍数的方法；观察静态工作点设置不合理所引起的波形失真，分析、检验消除失真的方法；观察负载变化对电压放大倍数的影响	重点：单管共射放大器静态工作点的测试与调试方法、测量电压放大倍数的方法。难点：静态工作点设置不合理所引起的波形失真，分析、检验消除失真的方法	实验法、示范法、练习法	2
		2.9 功率放大电路	1. 功率放大电路的基本概念和分类。2. 功率放大电路特点（与电压放大电路比较）及类型。3. 单管甲类功率放大器的组成、静态和动态分析	重点：理解功率放大电路特点（与电压放大电路比较）及类型。难点：单管甲类功率放大器的组成、静态和动态分析	讲授法、分析法	2
3	第3章：集成运算放大器及应用	3.1 集成运算放大电路	1. 集成运算放大电路的内部结构及各部分功能、特点。2. 集成运放的理想化条件，两种工作区的条件及特点	重点：理想运放的条件；集成运算放大器的特点。难点：理想运放的条件；集成运算放大器的特点	讲授法、分析法	2
4	第4章：反馈与振荡	4.1 反馈的基本概念 4.2 负反馈电路的类型	1. 反馈的基本概念。2. 反馈的分类及其判别方法	重点：反馈的分类及其判别方法。难点：用瞬时极性法判断正负反馈	讲授法、分析法、练习法	2

序号	项目（模块）	任务（单元）	教学内容	重点、难点	教学方法和手段	学时
4	第4章：反馈与振荡	4.2 负反馈电路的类型 4.3 负反馈对放大器性能的影响	掌握负反馈放大电路基本关系式、四种组态及其特点；掌握负反馈对放大器电路性能的影响	重点：负反馈对放大器电路性能的影响。 难点：负反馈对放大器电路性能的影响	讲授法、分析法、讨论法	2
5	第5章：直流稳压电源	5.1 整流电路	1. 单相半波整流电路的原理。 2. 桥式整流的电路构成及原理分析	重点：整流电路的原理。 难点：桥式整流的电路结构及原理分析	讲授法、分析法	2+2
6	第6章：数字电路基础	6.1 数字电路概述 6.2 数制与码制	1. 数字电路的基本概念、发展和应用。 2. 数字电路与模拟电路的区别。 3. 常用数制、码制的相互转换	重点：数制和码制。 难点：数字电路及各数制的转换	讲授法、练习法	2
		6.3 基本逻辑门	1. 数字电路的3种基本逻辑运算。 2. 几种常用的复合逻辑运算及功能。 3. 逻辑电路的5种表示方式。 4. 5种表示方式之间的转换	重点：3种基本逻辑门的逻辑功能、逻辑符号和逻辑表达式；逻辑电路的5种表示方式的应用及各种方法之间的相互转换。 难点：3种基本逻辑门的逻辑功能、逻辑符号和逻辑表达式；逻辑电路的5种表示方式的应用及各种方法之间的相互转换	讲授法、分析法、归纳法	4
		6.4 逻辑运算法则	1. 逻辑代数的基本定律、规则和常用公式。 2. 逻辑代数的公式化简法。 3. 最小项、相邻项的概念。 4. 不同变量数卡诺图画法。 5. 逻辑函数的卡诺图化简法	重点：逻辑代数的基本定律、规则和常用公式；逻辑代数的公式化简法；不同变量数卡诺图画法；逻辑函数的卡诺图化简法。 难点：逻辑代数的公式化简法；不同变量数卡诺图画法；逻辑函数的卡诺图化简法	讲授法、举例法等	6
		实验四：TTL集成逻辑门的逻辑功能测试及逻辑变换	掌握TTL集成与非门的逻辑功能的测试和使用方法；熟悉TTL集成门逻辑功能的相互转换；熟悉数字电路实验箱的结构、基本功能和使用方法	重点：TTL集成门逻辑功能的相互转换。 难点：TTL集成门逻辑功能的相互转换	实验法、示范法、练习法	2
7	第7章：组合逻辑电路	7.1 组合逻辑电路的分析 7.2 组合逻辑电路的设计	1. 组合逻辑电路的定义和特点。 2. 组合逻辑电路的分析、设计方法及步骤	重点：组合逻辑电路分析方法、设计方法。 难点：组合逻辑电路分析方法、设计方法	讲授法、练习法	2

序号	项目（模块）	任务（单元）	教学内容	重点、难点	教学方法和手段	学时
7	第7章：组合逻辑电路	7.3 常用组合逻辑电路	1. 半加器、全加器逻辑功能、逻辑符号。 2. 编码器逻辑功能和逻辑符号。 3. 译码器的基本概念、基本功能。 4. 译码器电路的分析方法	重点：半加器、全加器的功能、符号；编码器逻辑功能、逻辑符号；译码器的基本概念和分析方法。 难点：全加器和半加器的使用区别；编码器的逻辑功能；译码器的基本概念和分析方法	讲授法、练习法	4
8	第8章：触发器及时序逻辑电路	8.1 基本RS触发器	1. 基本RS触发器的电路结构、符号、工作原理。 2. 时序逻辑电路的功能描述方法	重点：基本RS触发器的概念及逻辑功能。 难点：基本RS触发器的电路组成及功能分析方法	讲授法、分析法	2
		8.2 同步触发器	1. 同步RS触发器的电路结构、符号、工作原理。 2. 同步D触发器的电路结构、符号、工作原理。 3. 同步JK触发器的电路结构、符号、工作原理。 4. 集成触发器的类型及边沿触发方式	重点：同步RS、D、JK触发器的概念及逻辑功能。 难点：同步RS、D、JK触发器的电路组成及功能分析方法	讲授法、分析法	4
		8.3 计数器	1. 二进制、十进制计数器的结构与逻辑功能。 2. 计数器的使用及逻辑功能。 3. 搭建简单的计数器电路	重点：二进制、十进制计数器的逻辑功能；计数器逻辑功能分析；设计任意进制的计数器电路。 难点：计数器逻辑功能分析及各种计数器的应用；设计任意进制的计数器电路	讲授法、分析法	2
9	第10章：模拟量和数字量的转换	10.1 A/D转换器 10.2 D/A转换器	了解A/D转换器、D/A转换器的转换原理	重点：A/D转换、D/A转换原理。 难点：A/D转换、D/A转换原理	讲授法、分析法	2

1.2.4 课程考核

课程考核采用即过程考核和终结性考核相结合的方式（见表1-2-6）。过程考核占60%，终结性考核占40%。过程考核可包括考勤、课堂表现、作业。终结性考核为标准化试题的闭卷考试。

表 1-2-6　课程评价总表

项目	评价内容	权重	总比例	总评
终结性考核	期末考试	40%	40%	100%
过程性考核	期中考试	20%	60%	
	课堂表现	20%		
	考勤	10%		
	作业	10%		

1.2.5　实施要求

1. 授课教师基本要求

（1）具备电路分析基础、电子技术基础、电力电子技术的理论知识。

（2）具有完成简单模拟电路和数字电路基础实验的基本技能。

（3）具有高等学校教师资格证书。

2. 教学方法和策略

（1）教学方法：结合课程理论性较强难于理解记忆的特点，主要采用翻转课堂教学法、案例教学法、探究式教学法等教学法。

（2）教学策略：在教学过程中，根据课程知识点的特点，对于理论知识部分的讲授主要以多媒体教学为主，通过图片和视频动画等形式将枯燥的理论知识变得形象生动，同时通过实物和部分实验将学过的理论知识应用在实践中，从而取得良好的教学效果。

3. 教材和数字化资源的选用（见表 1-2-7、表 1-2-8）

表 1-2-7　城轨交通运营组织与通信信号技术课程教材选用

序号	教材名称	出版社	主编	出版日期
1	电子技术	电子工业出版社	汪红	2018.1

表 1-2-8　城轨交通运营组织与通信信号技术课程参考教材选用

序号	教材名称	出版社	主编	出版日期
1	电子线路	高等教育出版社	熊耀辉	2001.7
2	电子技术基础	中国铁道出版社	于玲	2015.1

1.3 "电工操作技能实训"课程标准

1.3.1 课程信息

1. 课程基本信息（见表 1-3-1）

表 1-3-1　课程基本信息

课程名称	电工操作技能实训	开课部门	铁道供电教研室	
课程代码		课程性质	专业基础课	
参考学分/学时	4.5/72	考核性质	考查	
适用专业	铁道供电技术	课程类型	理论课	
			实践课	√
			理论+实践（整周）	
			理实一体化	

2. 课程建设团队（见表 1-3-2）

表 1-3-2　课程建设团队名单

序号	姓名	工作单位	职称/职务
1	陈××	柳州铁道职业技术学院	副教授
2	吕××	柳州铁道职业技术学院	讲师/工程师
3	于××	柳州铁道职业技术学院	副教授/工程师
4	程　×	柳州铁道职业技术学院	讲师/工程师
5	梁　×	柳州铁道职业技术学院	讲师
6	张××	柳州铁道职业技术学院	副教授

1.3.2 课程性质

1. 课程类型

本课程是铁道供电技术专业的必修课程，是学生在学习了电工电子基础、电机等基础课程后的重要实践课程，教学内容着重于实践，加深对理论知识的认识，拓宽学生的视野，培养学生的基本技能、实验能力和自学能力，为后续课程打下良好的基础。

本课程的主要任务：

（1）培养学生全面掌握电工的基本操作技能，培养学生独立分析问题和解决一般技术问题的能力。

（2）通过生产实践，使学生掌握电工基本操作技术，能独立完成一般的室内照明配线安装，能看懂电动机的一般基本控制线路，独立安装与检修。

（3）在实训课程中，培养学生良好的职业道德，养成文明生产习惯，克服困难，勤学苦练。

2．课程功能定位（见表1-3-3）

表1-3-3　课程功能定位分析

对接的工作岗位	对接培养的职业岗位能力	对应岗位的知识点
维修电工	1．掌握安全生产相关的法律法规内容	1．电工基本常识 2．电工作业安规
	2．理解低压供配电安全知识	电工基本安全常识
	3．掌握电气安全工作要求和措施	电力作业规范和标准
	4．具备电工、电子基本操作技能	1．仪器仪表的使用 2．基本低压电器的原理和使用方法
	5．具备电气钳工基本操作方法	1．电工基本作业规范和标准 2．电气设备和线路装配
	6．熟练地掌握电气设备的原理及实际操作与维修	照明电路、电机电气控制线路的原理和线路安装
	7．掌握触电紧急救护法	1．触电急救基本常识 2．急救方法

1.3.3　课程目标与内容

1．课程总目标

（1）通过实训，提高学生基本技能，做到理论联系实际。

（2）培养学生分析问题和解决问题的能力。

（3）使学生具备综合运用电路基础知识的能力，掌握安全用电知识和安全操作技能。

（4）为进一步学习后续课程和专业知识奠定坚实的基础。

2．课程具体目标（见表1-3-4）

表1-3-4　课程教学目标与内容

序号	考核指标点	知识目标	技能目标	素质目标	教学内容	教学资源
1	了解岗位环境、具备能力，规范化工作要求	认识常用电工工具；了解使用方法；了解课程要求考核标准	工作环境认识，岗位标准	熟悉与适应新环境能力	常用电工工具的介绍、考证要求及知识范围	电工试验台，题库
2		了解持证上岗要求	掌握规范化工作标准	培养操作规范意识	安全生产法律法规知识与职业规范项目	
3	了解基本电工基础知识；掌握常用电工仪表使用方法	掌握常用电工仪表及实验台使用方法	熟练使用电工仪表	动手操作能力	常用电工仪表的使用	万用表、视频、图片、PPT
4		单相、三相交流电基本知识	综合应用电工基础知识	理论联系实际能力	电工基础知识	

序号	考核指标点	知识目标	技能目标	素质目标	教学内容	教学资源
5	具备安全用电意识，掌握一般安全事故处理方法	掌握触电知识及急救措施与方法	处理安全事故能力	遇到事故如何冷静处理能力	触电与急救	PPT、视频
6		了解安全用电和安全操作	用电安全与操作规范	培养安全用电与操作意识	低压电气设备安全	
7	照明电路安装、调试	了解单相交流电基本知识与接线操作	掌握单相电路安装与调试	能根据电路图连接电路的能力，能熟练使用电工仪表排查故障、解决故障能力	单相配电盘及照明线路的安装	PPT、图片、实验仪器和设备
8		了解三相交流电基本知识与接线操作；认识三相电能表与电流互感器；了解其工作原理	掌握三相电路安装与调试		三相电度表带电流互感器电路的安装	
9	三相异步电动机控制电路的安装、调试	了解三相异步电动机工作原理；理解点动控制原理	掌握三相异步电动机点动控制电路的安装、调试	能根据电路图将实物连接电路的能力，能熟练使用电工仪表排查故障、解决故障能力	三相异步电动机点动控制电路的安装、调试	视频、图片、实验仪器仪表和电气设备、PPT
10		理解三相异步电动机自锁控制电路工作原理	掌握三相异步电动机自锁控制电路的安装、调试		三相异步电动机自锁控制电路的安装、调试	
11		理解交流接触器工作原理；理解交流接触器互锁工作原理	掌握三相异步电动机交流接触器互锁正反转控制电路的安装、调试		三相异步电动机交流接触器互锁正反转控制电路的安装、调试	
12		理解三相异步电动机交流按钮互锁正反转控制电路工作原理	掌握三相异步电动机交流按钮互锁正反转控制电路的安装、调试		三相异步电动机交流按钮互锁正反转控制电路的安装、调试	
13		理解三相异步电动机按钮、接触器双重互锁正反转控制电路工作原理	掌握三相异步电动机按钮、接触器双重互锁正反转控制电路的安装、调试		三相异步电动机按钮、接触器双重互锁正反转控制电路的安装、调试	
14	触电与急救	触电的原因，掌握心肺苏复操作的正确方法	正确掌握心肺复苏急救操作	遇事冷静，能处理一般安全事故能力	CPR心肺复苏模拟人操作	视频、模拟人、PPT

3. 课程教学内容（见表 1-3-5）

表 1-3-5　课程教学安排

序号	项目（模块）	任务（单元）	教学内容	重点、难点、考核点	教学方法和手段	学时
1	项目1：单相配电盘及照明线路的安装	1.1 开学第一课，实训室规章制度	爱国主义教育相关规章制度	难点：遵守规章制度的习惯	讲授法	1
		1.2 常用电工工具的介绍、考证要求及知识范围；安全生产法律法规知识与职业规范项目	验电器、旋具、电工刀、钳子等工具的使用	重点：各工具的结构及使用。难点：各工具使用及使用注意事项。考核点：工具的正确使用		2
		1.3 器件检测	单相电度表、单相漏电保护器等器件检测	重点：检测各器件设备的好坏；单相电度表、单相漏电保护器的作用、结构及工作原理。难点：对于损坏的器件，判断器件故障，力所能及地进行维修	演示法、练习法	2
		1.4 线路安装	单相配电盘及照明线路的安装	重点：按图安装线路。难点：按图安装线路。考核点：按图安装线路；布线的工艺要求		4
		1.5 电路调试、试车	电路调试、试车	重点：复查接线端子是否牢固，通电前要保证接线与电路图一致。难点：注意自身安全及设备安全。考核点：接线与电路图一致；安全用电；实训完桌面清理		1
		1.6 常用电工仪表的使用	万用表、摇表、钳形电流表的使用	重点：各种仪表的使用方法。难点：常用电工仪表使用注意事项		2
2	项目2：三相电度表带电流互感器电路的安装	2.1 器件检测	三相电度表、三相闸刀开关、电流互感器、三相漏电断路器等器件检测	重点：检测各器件设备的好坏；三相电度表、三相闸刀开关、电流互感器、三相漏电断路器的作用、结构及工作原理。难点：对于损坏的器件，判断器件故障，力所能及地进行维修	演示法、练习法，任务驱动式教学	1
		2.2 线路安装	三相电度表带电流互感器电路的安装	重点：按图安装线路。难点：按图安装线路。考核点：按图安装线路；布线的工艺要求		4

序号	项目（模块）	任务（单元）	教学内容	重点、难点、考核点	教学方法和手段	学时
2	项目2：三相电度表带电流互感器电路的安装	2.3 电路调试、试车	电路调试、试车	重点：复查接线端子是否牢固，通电前要保证接线与电路图一致。 难点：注意自身安全及设备安全。 考核点：接线与电路图一致；安全用电；实训完桌面清理	演示法、练习法，任务驱动式教学	1
		2.4 电工基础知识	介绍常用电工基础理论	重点：常用电工理论。 难点：电工理论应用		2
3	项目3：三相异步电动机点动控制电路的安装、调试	3.1 器件检测	交流接触器、热继电器、自复式按钮开关等器件检测	重点：检测各器件设备的好坏；交流接触器、热继电器、自复式按钮开关的作用、结构及工作原理。 难点：对于损坏的器件，判断器件故障，力所能及地进行维修	演示法、练习法，项目化教学	1
		3.2 线路安装	三相异步电动机点动控制电路的安装	重点：按图安装线路。 难点：按图安装线路。 考核点：按图安装线路；布线的工艺要求		4
		3.3 电路调试、试车	电路调试、试车	重点：复查接线端子是否牢固，通电前要保证接线与电路图一致。 难点：注意自身安全及设备安全。 考核点：接线与电路图一致；安全用电；实训完桌面清理		1
4	项目4：三相异步电动机自锁控制电路的安装、调试	4.1 器件检测	交流接触器、热继电器、自复式按钮开关等器件检测	重点：检测各器件设备的好坏；交流接触器、热继电器、自复式按钮开关的作用、结构及工作原理。 难点：对于损坏的器件，判断器件故障，力所能及地进行维修	练习法，任务驱动式教学	1
		4.2 线路安装	三相异步电动机自锁控制电路的安装	重点：按图安装线路。 难点：按图安装线路。 考核点：按图安装线路；布线的工艺要求		2
		4.3 电路调试、试车	电路调试、试车	重点：复查接线端子是否牢固，通电前要保证接线与电路图一致。 难点：注意自身安全及设备安全。 考核点：接线与电路图一致；安全用电；实训完清理桌面		1

序号	项目（模块）	任务（单元）	教学内容	重点、难点、考核点	教学方法和手段	学时
5	项目5：三相异步电动机交流接触器互锁正反转控制电路的安装、调试	5.1 触电与急救	触电事故种类和方法、电流对人体的伤害、触电事故规律	重点：电流对人体的伤害。 难点：防止触电事故发生	讲授法、演示法、练习法，任务驱动式教学	2
		5.2 器件检测	交流接触器、热继电器、自复式按钮开关等器件检测	重点：检测各器件设备的好坏；交流接触器、热继电器、自复式按钮开关的作用、结构及工作原理。 难点：对于损坏的器件，判断器件故障，力所能及地进行维修		1
		5.3 线路安装	三相异步电动机交流接触器互锁正反转控制电路的安装	重点：按图安装线路。 难点：按图安装线路。 考核点：按图安装线路；布线的工艺要求		4
		5.4 电路调试、试车	电路调试、试车	重点：复查接线端子是否牢固，通电前要保证接线与电路图一致。 难点：注意自身安全及设备安全。 考核点：接线与电路图一致；安全用电；实训完桌面清理		1
6	项目6：三相异步电动机按钮互锁正反转控制电路的安装、调试	6.1 低压电气设备安全	低压电气设备安全工作要求、电气线路安全	重点：保护电器、开关电器等结构及特点。 难点：各电器的工作原理	演示法、练习法，任务驱动式教学	2
		6.2 器件检测	交流接触器、热继电器、自复式按钮开关等器件检测	重点：检测各器件设备的好坏；交流接触器、热继电器、自复式按钮开关的作用、结构及工作原理。 难点：对于损坏的器件，判断器件故障，力所能及地进行维修		1
		6.3 线路安装	三相异步电动机按钮互锁正反转控制电路的安装	重点：按图安装线路。 难点：按图安装线路。 考核点：按图安装线路；布线的工艺要求		4
		6.4 电路调试、试车	电路调试、试车	重点：复查接线端子是否牢固，通电前要保证接线与电路图一致。 难点：注意自身安全及设备安全。 考核点：接线与电路图一致；安全用电；实训完清理桌面		1

序号	项目（模块）	任务（单元）	教学内容	重点、难点、考核点	教学方法和手段	学时
7	项目7：三相异步电动机按钮、接触器双重互锁正反转控制电路的安装、调试	7.1 器件检测	交流接触器、热继电器、自复式按钮开关等器件检测	重点：检测各器件设备的好坏；交流接触器、热继电器、自复式按钮开关的作用、结构及工作原理。难点：对于损坏的器件，判断器件故障，力所能及地进行维修	演示法、练习法，任务驱动式教学	1
		7.2 线路安装	三相异步电动机按钮、接触器双重互锁正反转控制电路的安装	重点：按图安装线路。难点：按图安装线路。考核点：按图安装线路；布线的工艺要求		6
		7.3 电路调试、试车	电路调试、试车	重点：复查接线端子是否牢固，通电前要保证接线与电路图一致。难点：注意自身安全及设备安全。考核点：接线与电路图一致；安全用电；实训完桌面清理		1
8	项目8：CPR心肺复苏模拟人操作	8.1 触电急救知识和操作方法	FSR-Ⅲ模拟人的结构和工作原理，实施操作方法	重点：模拟人按压点；按压频率及速度。难点：模拟人按压点；按压频率及速度	演示法、练习法、项目化教学	2
		8.2 触电急救操作练习	急救操作练习	考核点：模拟人按压位置；按压者的按压姿势；按压频率及速度		4
9	项目考核	1、2抽考一项，5~7抽考一项，8必考	1、2抽考一项，5~7抽考一项，8必考	考核点：见考核表		12
	合计					72

注2：每个任务（单元）最多不超过12学时。

1.3.4　课程考核

1. 考核内容

项目1：单相配电盘及照明线路的安装；

项目2：三相电度表带电流互感器电路的安装；

项目3：三相异步电动机点动控制电路的安装、调试；

项目4：三相异步电动机自锁控制电路的安装、调试；

项目5：三相异步电动机交流接触器互锁正反转控制电路的安装、调试；

项目6：三相异步电动机按钮互锁正反转控制电路的安装、调试；

项目7：三相异步电动机按钮、接触器双重互锁正反转控制电路的安装、调试；

项目8：CPR心肺复苏模拟人操作。

注：项目3、4的教学目的是为项目5、6、7打基础，而项目5、6、7是项目3、4的综合，考虑实训时间安排、难易度等问题，项目3、4不计入在考核项目中。

2. 考核形式

学生能独立完成项目 1、项目 2 及项目 5～7 中抽签的两项(下附考核评分表)，能熟悉相关的元器件的名称、工作原理及使用；必须能单独完成项目 8。

参加实训的学生原则上要求考取低压电工证，期终成绩按照考证成绩和平时成绩相结合的计算方式（见表 1-3-6）。

表 1-3-6　课程评价表

成绩构成	平时成绩	理论成绩	实操成绩
成绩比例	10%	20%	70%
成绩评定说明	1. 参加低压电工证考证的成绩按照上述比例计算成绩。 2. 未参加考证的学生成绩比例按照上述比例计算，其中理论成绩由老师组织学生参加学院建立的电工题库考试，计入理论成绩分数；实操成绩由任课教师根据考评表组织课程考试并计算分数		

实训结束后，学生需按时提交实训报告，不提交者，本课程成绩记为不及格。

1.3.5　实施要求

1. 授课教师基本要求

（1）具备电工基本操作技能，有企业电工操作经验或授课前经过专门的基本操作技能训练。

（2）具有高校教师资格证书。

2. 实践教学条件要求（见表 1-3-7）

表 1-3-7　C2-408/403 实训室要求

实训室名称：电工考证实训室　　　　　　　　　　　　　　　　　面积要求：121 m²

序号	核心设备	数量要求	备注
1	电气装配实训装置	30 套	2 工位
2	工具	1 套/人	包括：一字螺丝刀、十字螺丝刀、斜口钳、剥线钳、压线钳、工具箱
3	高级心肺复苏电脑模拟人	2 套/班	KAR/CPR500
4	相关电气设备	1 套/人	实训中用到的所有元器件
5	考证身份识别及资料上传	1 套/班	用于电工考证
6	耗材	1.5 mm² 铝芯线：300 m/班 0.5 mm² 多股铜芯线：50 m/班	

3. 教学方法和策略

（1）教学方法：主要采用项目化教学、任务驱动式教学、演示法等教学方法。

（2）教学策略：以电工操作技能上岗证的考试为契机，督促学生积极掌握各项实践技能。教学内容以项目式展开，划分成任务让学生学起来更容易，培养学生的竞争意识，可以举行班内学生之间的竞赛，加强动手能力的培养。

4. 教材和数字化资源的选用（见表 1-3-8、表 1-3-9）

表 1-3-8　电工作业考证实训课程教材选用

序号	教材名称	出版社	主编	出版日期
1	电工操作技能实训指导书	校本教材	铁道供电教研室	—
……				

表 1-3-9　电工操作技能实训课程参考教材选用

序号	教材名称	出版社	主编	出版日期
1	电工技能晋级教程	北京交通大学出版社	唐志珍、杨志友	2012
2	电工作业	气象出版社	国家经贸委安全生产局	2004

5. 电工操作技能实训评分表（见表 1-3-10～表 1-3-12）

表 1-3-10　电工操作技能实训照明电路安装/三相配电盘安装考核评分表

班级＿＿＿＿＿＿＿　学号＿＿＿＿＿＿＿＿　姓名＿＿＿＿＿＿＿　成绩＿＿＿＿＿＿＿

开始时间＿＿＿＿＿＿＿＿＿＿＿结束时间＿＿＿＿＿＿＿＿＿超时＿＿＿＿＿＿＿＿

序号	项目	考核要求	评分细则	配分	扣分
1	作业程序	1. 按规定穿戴齐个人劳保用品。 2. 在规定时间内完成作业	1. 未按规定穿戴齐个人劳保用品，每少1件扣10分。 2. 作业时间（照明电路：20 min；三相配电盘：35 min），每超时1 min扣5分，超时5 min停止作业	20	
2	线路质量	1. 按照电气安装规范布线。 2. 导线布置整齐美观、横平、竖直层次分明	1. 接线不牢固、裸露部分少或超过1 mm、绝缘受损、反圈，每处扣2分。 2. 接线不规范不美观酌情扣1～10分。 3. 浪费材料，每处扣3分	20	
3	仪表使用	1. 正确使用仪表对电路进行检测。 2. 能根据检测结果对电路情况进行正确判断	1. 仪表使用不当（万用表档位选择）扣10分/次。 2. 测量方法不正确扣5分。 3. 判断失误扣20分	20	
4	提交操作	1. 按图接线完成，试车。 2. 正确实现指定作业内容。 3. 清理操作现场	1. 不按图接线，扣完全部分数。 2. 通电操作出现短路烧保险扣完全部分数。 3. 通电不能实现指定作业内容，扣完全部分数。 4. 考试结束后未清理操作现场，扣10分	20	
5	工具使用	1. 检查工具、材料零件。 2. 正确使用工具	1. 工具、材料零部件不齐，每少1件扣1分。 2. 使用工具不当，使用错误每次扣2分。 3. 工具掉落每次扣5分；损坏扣10分。 4. 击打工具，1次扣5分	20	
6	安全文明生产	1. 遵守操作规程。 2. 尊重考评员,讲文明礼貌。 3. 未出现伤害事故	违反其中一项，取消考试资格或成绩无效		

考评员签字：＿＿＿＿＿＿＿＿＿＿＿＿＿

表 1-3-11　电工操作技能实训_三相异步电动机控制电路的安装、调试_考核评分表

班级_____ 学号_____ 姓名_____ 成绩_____

开始时间_____结束时间_____超时_____

序号	项目	考核要求	评分细则	配分	扣分
1	作业程序	1. 按规定穿戴齐个人劳保用品。 2. 在规定时间内完成作业	1.未按规定穿戴齐个人劳保用品，每少 1 件扣 10 分。 2.作业时间（45 min），每超时 1 min 扣 5 分，超时 5 min 停止作业		
2	线路质量	1. 按照电气安装规范布线。 2. 导线布置整齐美观、横平、竖直层次分明	1. 按钮盒不经出入线口，每根导线扣 2 分； 2. 接线不牢固、裸露部分每少或超过 1 mm、绝缘受损、反圈，扣 2 分/处。 3. 接线不规范、不美观酌情扣 1~10 分。 4. 浪费材料，每处扣 3 分	40	
3	线路检查	1. 正确使用仪表对电路进行检测。 2. 能根据检测结果对电路情况进行正确判断	1. 仪表使用不当（万用表档位选择）扣 10 分/次。 2. 测量方法不正确扣 5 分。 3. 判断失误扣 20 分	20	
4	提交操作	1. 按图接线完成，试车。 2. 正确实现指定作业内容	1. 不按图接线，扣完全部分数。 2. 通电操作出现短路烧保险扣完全部分数。 3. 通电不能实现指定作业内容，扣完全部分数		
5	工具使用	1. 检查工具、材料零件。 2. 正确使用工具	1. 工具、材料零部件不齐，每少 1 件扣 1 分。 2. 使用工具不当，使用错误每次扣 2 分。 3. 工具掉落每次扣 5 分；损坏扣 10 分。 4. 击打工具，一次扣 5 分	20	
6	安全文明生产	1. 遵守操作规程。 2. 尊重考评员，讲文明礼貌。 3. 考试结束后清理现场。 4. 未出现伤害事故	违反其中一项，取消考试资格或成绩无效		

考评员签字：_____

表 1-3-12　电工操作技能实训_触电急救_考核评分表

班级_____ 学号_____ 姓名_____ 成绩_____

项目及配分		考核内容及评分标准	扣分因素及扣分	得分
作业程序	100 分	1. 1 分钟 CPR 急救，胸外心脏按压 100 次/分钟，错误 1 次扣 5 分，按压正确次数超过或低于 100 次的次数按错误次数计算		
		2. 1 分钟 CPR 急救，人工呼吸每分钟 12 次，吹 2 s 停 3 s，错误 1 次扣 10 分		
		2. 未按规定穿戴齐个人劳保用品，每少 1 件扣 10 分		
		3. 出现重大失误则成绩无效		
合计	100 分			

考评员签字：_____

1.4 "机械制图"课程标准

1.4.1 课程信息

1. 课程基本信息（见表 1-4-1）

表 1-4-1 课程基本信息

课程名称	机械制图	开课部门	铁道供电教研室	
课程代码		课程性质	专业基础课	
参考学分/学时	3.0/52	考核性质	考试	
适用专业	铁道供电技术	课程类型	理论课	
			实践课	
			理论+实践	√
			理实一体化	

2. 课程建设团队（见表 1-4-2）

表 1-4-2 课程建设团队名单

序号	姓名	工作单位	职称/职务
1	程×	柳州铁道职业技术学院	讲师/工程师
2	黄×	柳州铁道职业技术学院	副教授
3	余××	柳州铁道职业技术学院	讲师
4	周××	柳州铁道职业技术学院	助教

1.4.2 课程性质

　　本课程是铁道供电技术专业学生学习的一门专业基础课，是关于绘制和阅读机械图样的理论、方法和技术的一门专业基础课，同时也是学生从学习文化基础课转向专业课学习的奠基石。"机械制图"既有系统理论又有较强的实践性，被称为工程界共同的"技术语言"。其主要目的是培养学生读图、绘图，运用各种作图手段来构思、分析和表达工程问题的能力，在专业学习中起到夯实基础的作用。

1.4.3 课程目标与内容

1. 课程总目标

（1）通过本课程的学习与实践，使学生能够掌握制图的国家标准及其有关规定，具有绘图、看图的基本能力，以及零部件具体测绘的能力。

（2）培养较强的空间想象能力和形体表达能力。

（3）养成认真负责的工作态度和严谨细致的工作作风。

2. 课程功能定位（见表 1-4-3）

表 1-4-3　课程功能定位分析

对接的工作岗位	对接培养的职业岗位能力
铁道供电/检修	1. 能够正确而熟练地使用常用绘图工具和仪器手工绘制仪器图和草图
	2. 能够识读中等复杂程度的零件图和装配图
	3. 能够绘制中等复杂程度的零件图和装配图
	4. 能够正确查阅标准、规范、手册、图册等技术资料

2. 课程具体目标（见表 1-4-4）

表 1-4-4　课程教学目标与内容

序号	毕业要求指标点	知识目标	技能目标	素质目标	教学内容
1	能够按国家标准的基本规定制图，具备手工绘图的基本技能	了解制图标准中有关图纸幅面及格式、比例、字体、图线以及尺寸标注的基本规定	掌握常用的几何作图方法以及正确绘图步骤；掌握常用的绘图工具和绘图仪器的使用以及徒手画图的方法	培养学生记忆能力，动手操作能力	制图的基本知识和技能
2	能够掌握正投影的基本原理机器图示方法	掌握投影法的基本原理及三视图的"三等"规律	点、线、平面、几何体的投影特性及取点的作图方法	培养学生空间思维能力、动手能力	投影基础
3	能够完整、准确、清晰地绘制组合体视图并能准确完成尺寸标注	掌握组合体中各基本几何体表面连接处的画法；掌握组合体三视图的画法及尺寸标注；掌握读图的基本方法	能正确、完整、清晰地标注组合体的尺寸；能读懂组合体的三视图，通过读图进一步培养空间想象能力	培养学生认真细致、求真务实的学习和工作作风；培养学生空间思维能力；动手能力	组合体
4	能够正确绘制组合体的正等轴测图及斜二等轴测图	了解轴测图的基本知识；重点掌握正等轴测图的绘制方法。基本掌握斜二等轴测图的绘制方法；了解轴测图的尺寸标注	掌握正等轴测图的绘制方法；基本掌握斜二等轴测图的绘制方法	培养学生认真细致、求真务实的学习和工作作风；培养学生空间思维能力；动手能力	轴测图
5	能够运用各种表达方法；比较完整地表达物体的内外结构形状	了解并掌握基本视图、向视图、局部视图、斜视图的概念、画法、标注规定及具体应用；掌握断面图的画法、标注及应用；掌握局部放大图的画法	能正确识读机件的表达方法；会合理选择机件的表达方法，正确绘制机件的视图	培养学生认真细致、求真务实的学习和工作作风	图样的基本表示方法

序号	毕业要求指标点	知识目标	技能目标	素质目标	教学内容
6	1. 能够绘制中等复杂程度的零件图和装配图。 2. 能够正确查阅标准、规范、手册、图册等技术资料	掌握螺纹的规定画法及标注方法；掌握常用螺纹紧固件的装配连接画法；学会标准件的查表方法	会绘制螺纹及螺纹联接图；会查阅有关标准手册	培养学生认真细致、求真务实的学习和工作作风；培养学生团结合作精神；培养学生不畏困难、勇于创新的科学探索精神	图样中的特殊表示法
7	具备正确识读典型零件图的能力，会查表并能在零件图上准确标注	熟悉零件图的基本内容；基本掌握零件表的表达方式；基本能正确合理地标注零件的尺寸；掌握识读零件图的一般步骤和基本方法	能根据零件的表达想象零件的结构；会正确分析零件的尺寸；能正确标注零件图上的技术要求；具有测绘一般零件的能力	培养学生认真细致、求真务实的学习和工作作风；培养学生团结合作精神；培养学生不畏困难、勇于创新的科学探索精神	零件图
8	1. 能够绘制中等复杂程度的零件图和装配图。 2. 能够正确查阅标准、规范、手册、图册等技术资料	掌握装配图的一般画法、规定画法、特殊画法，以及标准件及齿轮、弹簧的装配画法和阅读；掌握绘制和阅读简单装配图的方法步骤，能够从简单的装配图上拆画零件图	会正确分析装配体的装配关系、工作原理、传动路线；能正确分析尺寸的功用具备综合识读装配图的能力	培养学生认真细致、求真务实的学习和工作作风；培养学生团结合作精神；培养学生不畏困难、勇于创新的科学探索精神	装配图

3. 课程教学内容（见表 1-4-5）

表 1-4-5　课程教学安排

序号	项目（模块）	任务（单元）	教学内容	重点、难点	学时
1	模块 1：制图的基本知识和技能	1.1 常用绘图工具 1.2 制图的国家标准和基本规定	了解制图标准中有关图纸幅面及格式、比例、字体、图线，以及尺寸标注的基本规定；掌握常用的绘图工具和绘图仪器的使用	重点：制图标准中有关图纸幅面及格式、比例、字体、图线以及尺寸标注的基本规定。 难点：有关图纸幅面及格式、比例、字体、图线以及尺寸标注的基本规定	4
		1.3 常见几何图形画法 1.4 平面图形的画法 1.5 平面图形分析及作图方法	掌握平面图形的分析和画法以及尺寸标注	重点：平面图形的绘制方法及尺寸标注的基本原则。 难点：平面图形的分析和画法以及尺寸标注的基本原则	
2	模块 2：投影基础	2.1 投影法和视图的基本概念 2.2 三视图的形成 2.3 点的投影及其对应关系	1. 掌握投影法的基本原理和投影特性。 2. 掌握三视图的形成及"三等"规律及点的投影特性	重点：投影法的基本概念及三视图之间的对应关系。 难点：三视图之间的对应关系	6

序号	项目（模块）	任务（单元）	教学内容	重点、难点	学时
2	模块2：投影基础	2.4 线的投影 2.5 平面的投影	线、平面在三投影面体系中的投影特性和规律	重点：线、平面在三投影面体系中的投影特性	6
		2.6 几何体的投影 2.7 组合体的尺寸注法	几何体的投影特性及取点的作图方法	重点：几何体的投影特性。 难点：平面立体三视图的画法	
3	模块3：组合体	3.1 组合体的组合形式 3.2 截交线	理解形体分析法的含义以及掌握组合体的组合形式。截交线的投影特性和求作截交线基本方法	重点：组合体的组合形式和连接关系以及圆柱体各种截交线的绘制。 难点：圆柱体各种截交线的绘制	6
		3.3 相贯线	相贯线的投影特性和求作相贯线的基本方法以及圆柱相贯的简化画法	重点：相贯线的投影特性和求相贯线的方法。 难点：求作相贯线的基本方法	
		3.4 组合体三视图画法 3.5 看组合体视图的方法	绘制组合体视图的方法和步骤以及尺寸标注的方法。掌握看图的基本要领及看图的方法和步骤	重点：画组合体视图的方法和步骤以及看图的方法和步骤。 难点：组合体的形体	
4	模块4：轴测图	4.1 轴测图的基本知识 4.2 正等轴测图	了解轴测图的基本知识及正等轴测图的绘制方法	重点：正等轴测图的绘制方法。 难点：圆与圆弧正等轴测图的绘制方法	4
		4.3 斜二等轴测图 4.4 轴测图的尺寸标注	了解轴测距的尺寸注法，基本掌握斜二等轴测图的绘制方法	重点：斜二等轴测图的绘制方法	
5	模块5：图样的基本表示方法	5.1 视图 5.2 断面图	掌握视图、断面图的基本概念、画法、标注方法和使用条件	重点：视图、断面图的基本概念。 难点：掌握视图的画法、标注方法和使用条件	6
		5.3 剖视图	掌握剖视图的基本概念、画法、标注方法和使用条件	重点：掌握视图的画法、标注方法。 难点：掌握视图的画法、标注方法	
		5.4 局部放大图和简化画法 5.5 第三画法简介	局部放大图和常用的简化表示法；了解第三画法的基本内容	重点：局部放大图和常用的简化表示法	
6	模块6：图样中的特殊表示法	6.1 螺纹	螺纹的要素、规定画法、代号和标注方法	重点：螺纹的规定画法和标注方法。 难点：螺纹的规定画法和标注方法	6
		6.2 螺纹紧固件 6.3 齿轮	1. 螺纹紧固件的标记、螺栓联接以及螺栓和螺钉联接的画法简介。 2. 齿轮的基本知识。 3. 直齿轮齿各部分名称及代号。 4. 直齿轮的基本参数与轮齿各部分的尺寸关系。 5. 直齿轮的规定画法	重点：螺栓联接的简化画法和标记；掌握直齿圆柱齿轮及其啮合的规定画法。 难点：螺栓联接的简化画法和标记；掌握直齿圆柱齿轮及其啮合的规定画法	

序号	项目（模块）	任务（单元）	教学内容	重点、难点	学时
6	模块6：图样中的特殊表示法	6.4 键联接和销联接 6.5 滚动轴承 6.6 圆柱螺旋压缩弹簧	普通平键联接、销联接、滚动轴承、圆柱螺旋压缩弹簧的规定画法和标记方法	重点：普通平键联接、销联接的规定画法、简化画法和标记方法	
7	模块7：零件图	7.1 零件的表达方式 7.2 零件的尺寸标注	1. 零件图的内容和作用、典型零件的表达方法。 2. 尺寸基准的选择和标注时应注意的问题	重点：典型零件的表达方法。 难点：零件中的尺寸的正确标注	4
		7.3 零件图上技术要求的注写	1. 表面结构的表示方法。 2. 极限与配合。 3. 几何公差简介	重点：表面粗糙度、极限与配合的概念。 难点：会查表并在零件图中正确标注	
8	实践环节	实践（一）简单直线图形的绘制	1. 初识 AutoCAD 软件,掌握软件界面组成及基本指令。 2. 掌握绘图环境的创建和修改。 3. 掌握基本命令的使用		4
		实践（二）AutoCAD绘制基本几何图形	掌握绘图的直线,圆,镜像等命令使用		
9	模块7：零件图	7.4 零件上的常见的工艺结构 7.5 读零件图	1. 常见的工艺结构。 2. 读零件图的基本方法	重点：读零件图的基本方法。 难点：能读懂比较简单的各类零件图	4
		7.6 零件测绘(实践环节)	零件测绘的方法、步骤及尺寸测量方法	重点：零件测绘的方法、步骤。 难点：尺寸测量方法的掌握	
10	模块8：装配图	8.1 装配图的表达方法	装配图的作用与内容、规定画法及表达方法	重点：装配图的表达方法。 难点：装配图的表达方法	8
		8.2 装配图的尺寸标注、技术要求及零件编号 8.3 装配结构简介	1. 装配图的尺寸标注、技术要求及零件序号和明细栏。 2. 典型装配结构的配合	重点：装配图的尺寸标注方法。 难点：装配图的尺寸标注方法	
		8.4 读装配图和拆卸零件图	读装配图的方法和步骤及拆卸零件图的方法	重点：拆卸零件图的方法。 难点：拆卸零件图的方法	
		8.5 装配体测绘（实践环节）	装配体的测绘过程和具体步骤	重点：画装配图和零件图。 难点：装配体的分析	

注：每个任务（单元）最多不超过12学时。

1.4.4　课程考核

课程考核由过程考核和终结性考核两个方面组成：过程考核由课堂案例分析、讨论、课堂活跃度、作业成绩和纪律考勤综合评定。终结性考核为期末通过卷面理论考试方法评定。

课程成绩的评定方法为终结性考核考试成绩占总成绩的 70%，过程考核成绩占总成绩的 30%（其中课堂表现占 10%，作业成绩占 10%，考勤占 10%）（见表 1-4-6）。

表 1-4-6　课程评价总表

项目	评价内容	权重	总比例	总评
终结性考核	期末考试	70%	70%	100%
过程性考核	考勤	10%	30%	
	课堂表现	10%		
	作业	10%		

1.4.5　实施要求

1. 授课教师基本要求

（1）具有工学专业教育背景，学历要求本科及以上，具有工程制图或机械制图基本知识和技能。

（2）具有高校教师资格证书。

2. 实践教学条件要求

校内实训室要求如表 1-4-7 所示。

表 1-4-7　计算机实训室

实训室名称：计算机实训室　　　　　　　　　　　　　　　　　面积要求：80 m²

序号	核心设备	数量要求	备注
1	计算机	50	AutoCAD 软件

3. 教学方法和策略

该实训主要采用的教学方法有讲授法、演示法、练习法、启发式教学法、案例教学法等方法。

4. 教材和数字化资源的选用（见表 1-4-8、表 1-4-9）

表 1-4-8　机械制图课程教材选用

序号	教材名称	出版社	主编	出版日期
1	机械制图	机械工业出版社	胡建生	2017.1

表 1-4-9　机械课程参考教材选用

序号	教材名称	出版社	主编	出版日期
1	机械制图与识图	机械工业出版社	韩变之	2012.7
2	机械制图	机械工业出版社	甘树坤	2015.9

表 1-4-10　电机与电气控制技术课程数字化资源选用

序号	数字化资源名称	类型	数量	是否原创	备注
1	http://m.v.dxsbb.com/gongcheng/507/	网络课	1	否	网络资源

1.5　"工程力学"课程标准

1.5.1　课程信息

1. 课程基本信息（见表 1-5-1）

表 1-5-1　课程基本信息表

课程名称	工程力学	开课部门	铁道供电教研室	
课程代码		课程性质	专业基础课	
参考学分/学时	2.5/42	考核性质	考查	
适用专业	铁道供电技术	课程类型	理论课	√
			实践课	
			理论+实践（整周）	
			理实一体化	

2. 课程建设团队（见表 1-5-2）

表 1-5-2　课程建设团队名单

序号	姓名	工作单位	职称/职务
1	杜××	柳州铁道职业技术学院	讲师
2	程×	柳州铁道职业技术学院	讲师/工程师
3	吕××	柳州铁道职业技术学院	讲师/工程师
4	陈×	柳州铁道职业技术学院	讲师
5	周××	柳州铁道职业技术学院	助教

1.5.2　课程性质

1. 课程类型

本课程是铁道供电技术专业必修的一门专业基础课，是学生在学习了高等数学、机械制图课程，具备了试图能力及计算能力的基础上开设的一门理论课，其功能是对接铁道供电技术专业人才培养目标，面向接触网、变配电值班员、电力线路等工作岗位，培养学生掌握抽象化能力、逻辑思维能力、计算能力以及利用工程力学的基本理论和方法，去分析和解决一些简单的工程实际问题的能力，并为后续接触网、电力线路检修等课程的学习奠定基础。

2. 课程功能定位

本课程在于培养学生掌握抽象化能力、逻辑思维能力、计算能力以及利用工程力学的基本理论和方法分析解决一些简单工程实际问题的能力，为学生学习接触网、高电压技术、电力线路运行检修等专业课打下坚实的基础，同时注意培养学生良好的职业道德。具体如表 1-5-3 所示。

表 1-5-3　课程功能定位分析

对接的工作岗位	对接培养的职业岗位能力	对应岗位的知识点
变配电值班员	1. 能够分析电器各部件的受力关系以及受力情况	1. 静力学基本公理
		2. 受力分析和受力图
	2. 能够利用所学知识判断机器部件的运行状况，是否存在疲劳破坏等情况	1. 内力和应力
		2. 杆的形变
	3. 能够绘制电气设备一般构件的受力图以及构件形变的分析	剪力图和弯矩图
接触网工	1. 能够根据线路各部件之间的关系分析其受力关系以及受力情况	受力分析和受力图
	2. 能够根据构件之间的连接图进行线路故障原因分析	内力和应力
	3. 能够利用所学知识正确使用工具（如力矩扳手等）	1. 杆的形变和强度条件
		2. 摩擦力
	4. 具备电工作业基本力学知识和安全意识	静力学的基本概念
电力线路工	1. 能够根据线路各部件分析其之间受力关系以及受力情况	受力分析和受力图
	2. 能够根据构件之间的连接图进行线路故障原因分析	内力和应力
	3. 能够利用所学知识正确使用工具（如力矩扳手等）	1. 杆的形变和强度条件
		2. 摩擦力
	4. 具备电工作业基本力学知识和安全意识	静力学的基本概念

1.5.3　课程目标与内容

1. 课程总目标

（1）使学生掌握工程力学的研究对象，研究方法。

（2）掌握一般构件的受力分析，受力图的绘制方法。

（3）熟练掌握平面力系的平衡原理、平衡方程和计算方法，按照"以应用为目的，以必须够用为度，以讲清概念，强化应用为教学重点"的原则，培养学生分析问题和解决问题的能力。

（4）使学生掌握从事本专业工作必备的工程力学基本知识和基本技能，为今后进一步学习专业知识和从事本专业相关工作打下必要的基础。

（5）课程的考核合格率不低于 95%。

2. 课程具体目标

（1）掌握工程力学的研究对象，研究方法。

（2）掌握一般构件的受力分析，受力图的绘制方法。

（3）熟练掌握平面力系的平衡原理、平衡方程和计算方法。

（4）掌握拉压、剪切和弯曲等基本变形的概念和内力计算。

（5）熟练掌握摩擦力及剪力的概念及计算。

（6）熟练掌握在不同变形情况下，杆件强度、刚度和稳定性的概念与计算的基本知识。具体如表 1-5-4 所示。

表 1-5-4　课程教学目标与内容

序号	考核指标点	知识目标	技能目标	素质目标	教学内容	教学资源
1	会辨别理论力学的研究对象、研究方法以及研究任务，区分静力学基本概念，力、刚体以及平衡的概念。掌握受力分析和画出受力分析图的方法	能认识力的概念；能进行受力分析和画受力分析图	能识别物体的受力情况；能简单讲述各个基本概念，熟练掌握受力分析和画受力分析图的方法	树立电气化铁路新观念，培养学生对构件之间力的关系的认知以及分析解决问题的能力	1. 刚体、变形体的概念；2. 静力学的基本概念；3. 静力学基本公理；4. 约束和约束反力；5. 物体的受力分析和受力图	PPT、职教云、工程力学相关书籍
2	会分析以及简化各平面力系，具有一定的计算能力	能对工程中的各种力系（汇交力系、力偶系、任意力系和分布力系）能进行简化；掌握各力系的平衡方程及应用，能对工程静定结构进行平衡分析	掌握各力系的平衡方程及应用，对各力系进行简化以及基本的分析计算能力	培养学生的计算能力及分析问题能力	1. 平面汇交力系；2. 力偶和力偶系；3. 平面一般力系；4. 静定问题与物体系统的平衡	PPT、职教云、工程力学相关书籍
3	能对各摩擦力分类、原理、应用及分析	掌握各摩擦力的产生原理及对其的分析方法	能区别各摩擦力的概念及产生原理，可以利用受力图进行受力分析	培养学生的理解能力以及分析问题能力	1. 滑动摩擦；2. 摩擦角和自锁现象；3. 滚动摩擦	PPT、职教云、工程力学相关书籍
4	掌握分析空间力系的基本能力	掌握空间力系力在直角坐标轴上的投影以及力对点的矩	掌握正确的受力分析，对力能够在坐标系中进行分解，具有较强的计算能力	培养学生的职业技能水平，分析能力以及计算能力	1. 力在直角坐标轴上的投影；2. 力对点的矩	PPT、职教云、工程力学相关书籍
5	掌握杆的内力、应力计算以及强度计算	掌握杆的内力、应力计算以及强度计算，了解力学性能	熟悉杆的受力分析，可以进行内力和应力的计算、强度计算等	培养学生具备较强的分析能力、计算能力以及理解能力	1. 杆的内力和应力；2. 杆的变形；3. 材料在轴向拉伸和压缩时的力学；4. 强度条件	PPT、职教云、工程力学相关书籍
6	能识别剪切变形及剪切面，利用剪切面积进行剪力计算	1. 掌握剪切的概念；2. 了解剪切强度及剪切胡克定律	运用剪切面进行剪力计算	培养学生具备较强的分析能力、计算能力	1. 剪切的概念；2. 剪切的实用计算	PPT、职教云、工程力学相关书籍
7	能够识别受力图以及对梁的计算简图；具备一定的画图能力	掌握梁的计算简图，绘制梁的剪力图和弯矩图的方法；掌握对梁截面进行应力计算的方法	能分析简单的剪力图和弯矩图，具有绘制两种图的能力，能够进行简单的计算	培养学生的识图能力、团队合作意识以及认真学习的态度	1. 梁的计算简图；2. 弯曲时的内力计算；3. 剪力图和弯矩图	PPT、职教云、工程力学相关书籍

3. 课教教学内容（见表 1-5-5）

表 1-5-5　课程教学安排

序号	项目（模块）	任务（单元）	教学内容	重点、难点	教学方法和手段	学时
1	绪论 第 1 章：静力学基础	绪论：刚体、变形体的概念 1.1 静力学的基本概念 1.2 静力学基本公理	1. 掌握力、刚体以及变形体的概念； 2. 掌握质点力、刚体、平衡的概念； 3. 理解并掌握静力学基本公理	重点：力、质点和刚体、平衡的概念。 难点：静力学基本公理	讲授法、提问法、讨论法练习法	2
		1.3 约束和约束反力	1. 掌握约束和约束反力的概念； 2. 掌握几种基本约束的类型以及确定约束反力的方法	重点：约束和约束反力的概念。 难点：几种基本约束的类型以及确定约束反力的方法	讲授法、讨论法、练习法、图例法	2
		1.4 物体的受力分析和受力图（1）	1. 理解主动力和被动力，学会辨别已知力和未知力； 2. 掌握物体受力分析及绘制受力图	重点：物体受力分析及绘制受力图。 难点：物体受力分析及绘制受力图	讲授法、讨论法、练习法、图示法	2
		1.4 物体的受力分析和受力图（2）	1. 理解主动力和被动力，学会辨别已知力和未知力； 2. 掌握物体受力分析及绘制受力图	重点：物体受力分析及绘制受力图。 难点：物体受力分析及绘制受力图	讲授法、提问法、练习法、图例法	2
2	第 2 章：平面力系	2.1 平面汇交力系（1）	1. 掌握平面汇交力系合成与平衡的几何法； 2. 掌握平面汇交力系合成与平衡的解析法	重点：平面汇交力系合成与平衡的几何法。 难点：平面汇交力系合成与平衡的解析法	讲授法、练习法、图示法	2
		2.1 平面汇交力系（2）	1. 掌握平面汇交力系合成与平衡的几何法； 2. 掌握平面汇交力系合成与平衡的解析法	重点：平面汇交力系合成与平衡的几何法。 难点：平面汇交力系合成与平衡的解析法	讲授法、练习法、图示法	2
		2.2 力偶和力偶系	1. 掌握力偶的概念和等效； 2. 掌握平面力偶系的合成和平衡	重点：力偶的概念和等效。 难点：平面力偶系的合成和平衡	讲授法、讨论法、练习法	2
		2.3 平面一般力系	1. 掌握力的平移定理及平面一般力系向一点简化的方法； 2. 掌握平面一般力系的平衡方程	重点：力的平移定理及平面一般力系向一点简化的方法。 难点：平面一般力系的平衡方程	讲授法、讨论法、练习法	2
		2.4 静定问题与物体系统的平衡	1. 了解静定静不定问题的概念； 2. 了解刚体系统的平衡问题	重点：刚体系统的平衡问题。 难点：刚体系统的平衡问题	讲授法、练习法、举例法	2

序号	项目（模块）	任务（单元）	教学内容	重点、难点	教学方法和手段	学时
3	第3章：摩擦	3.1 滑动摩擦 3.2 摩擦角和自锁现象	1．掌握滑动摩擦和最大静滑动摩擦的原理及动摩擦定律； 2．掌握摩擦角的定义； 3．了解自锁现象	重点：滑动摩擦和最大静滑动摩擦的原理及动摩擦定律。 难点：滑动摩擦和最大静滑动摩擦的原理及动摩擦定律	启发法、讲授法、练习法	2
4	第4章：空间力系简介	4.1 力在直角坐标轴上的投影 4.2 力对点的矩	1．掌握力在空间坐标轴上的投影方法； 2．掌握力对点的矩的求解	重点：力在空间坐标轴上的投影方法。 难点：力对点的矩的求解	讲授法、练习法、举例法	2
5	第5章：轴向拉伸和压缩	5.1 杆的内力和应力（1）	1．掌握截面法求轴向拉（压）杆的内力； 2．掌握轴力图的绘制方法； 3．掌握应力的概念，轴向拉（压）杆横截面上的正应力计算方法	重点：截面法求轴向拉（压）杆的内力。 难点：轴力图的绘制方法	讲授法、练习法、图示法	2
		5.1 杆的内力和应力（2）	1．掌握截面法求轴向拉（压）杆的内力； 2．掌握轴力图的绘制方法； 3．掌握应力的概念，轴向拉（压）杆横截面上的正应力计算方法	重点：截面法求轴向拉（压）杆的内力。 难点：轴力图的绘制方法	讲授法、练习法、举例法	2
		5.2 杆的变形	1．掌握线变形、线应变、胡克定律的概念和计算公式； 2．掌握横向变形、泊松比的概念和计算公式	重点：线变形、线应变、胡克定律的概念和计算公式。 难点：线变形、线应变、胡克定律的概念和计算公式	讲授法、练习法、举例法、讨论法	2
		5.3 材料在轴向拉伸和压缩时的力学性能	1．掌握低碳钢拉伸时的力学性质； 2．了解不同金属材料拉伸时的力学性质； 3．了解金属材料压缩时的力学性能	重点：低碳钢拉伸时的力学性质。 难点：低碳钢拉伸时的力学性质	讲授法、练习法、举例法	2
		5.4 强度条件	1．掌握许用应力和安全系数的概念； 2．掌握强度条件及其应用	重点：强度条件及其应用。 难点：强度条件及其应用	讲授法、练习法、举例法	2
6	第6章：剪切和挤压	6.1 剪切的概念 6.2 剪切的实用计算	1．掌握剪切的概念； 2．了解剪切强度及剪切胡克定律	重点：剪切的概念。 难点：剪切强度及剪切胡克定律	讲授法、练习法、举例法	2

序号	项目（模块）	任务（单元）	教学内容	重点、难点	教学方法和手段	学时
7	第9章：梁弯曲时的内力和应力	9.1 梁的计算简图	1.掌握弯曲及平面弯曲的概念。 2. 掌握支座简化的三种基本形式	重点:弯曲及平面弯曲的概念。 难点:支座简化的三种基本形式	讲授法、练习法、图例法	2
		9.2 弯曲时的内力计算	1. 了解横截面的剪力及弯矩； 2. 掌握平面弯曲梁的内力计算	重点:平面弯曲梁的内力计算。 难点:平面弯曲梁的内力计算	讲授法、练习法、讨论法、图例法	2
		9.3 剪力图和弯矩图	1. 了解剪力方程和弯矩方程； 2. 掌握绘制梁的剪力图和弯矩图的方法	重点：绘制梁的剪力图和弯矩图的方法。 难点：绘制梁的剪力图和弯矩图的方法	讲授法、练习法、图例法	2
8	期末测验		检查学生对工程力学课程的掌握情况	重点：工程力学。 难点：工程力学		2

注：每个任务（单元）最多不超过12学时。

1.5.4　课程考核

1. 考核方式

闭卷，也可以是其他形式。

2. 考核形式

课程考核采用形成性考核（即过程考核）和终结性考核相结合的方式,原则上形成性考核占50%，终结性考核占50%。形成性考核可包括但不仅限于课堂考勤、课堂表现、作业。终结性考核一般指期末考试。

1.5.5　实施要求

1. 授课教师基本要求

（1）具备高校教师资格证书，助教及以上职称。

（2）熟练掌握力学理论知识。

（3）熟悉静力学受力分析及受力图的画法。

（4）具有较强地分析问题及计算能力。

（5）具有不少于半年的企业实践经历。

2. 教学方法和策略

描述本课程主要使用的教学方法和策略。可参考如下要点来撰写：

（1）教学方法：根据学情分析和教学内容特征，选择讲授法、讨论法、图例法、情景教学法、工作过程导向教学法、探究式教学法等教学法。

（2）教学策略：结合现场工作化标准，通过教师课堂讲授后布置任务，学生可独立可分组讨论完成任务。

3. 教材和数字化资源的选用

表 1-5-6　工程力学课程教材选用

序号	教材名称	出版社	主编	出版日期
1	工程力学	机械工业出版社	顾晓勤	2018.7

表 1-5-7　工程力学课程参考教材选用

序号	教材名称	出版社	主编	出版日期
1	工程力学	机械工业出版社	刘思俊	2015.2
2	工程力学	化学工业出版社	朱红雨	2019.9

1.6　"铁道概论"课程标准

1.6.1　课程信息

1. 课程基本信息（见表 1-6-1）

表 1-6-1　课程基本信息

课程名称	铁道概论	开课部门	铁道供电教研室	
课程代码		课程性质	专业基础课	
参考学分/学时	2.5/40	考核性质	课内考试	
适用专业	铁道供电技术	课程类型	理论课	√
			实践课	
			理论+实践（整周）	
			理实一体化	

2. 课程建设团队（见表 1-6-2）

表 1-6-2　课程建设团队名单

序号	姓名	工作单位	职称/职务
01	于××	柳州铁道职业技术学院	副教授/工程师
02	陈×	柳州铁道职业技术学院	讲师

1.6.2 课程性质

1. 课程类型

"铁道概论"课程是为铁道供电技术专业毕业生进入铁路企业工作设置的一门专业基础课。该课程全面、系统、扼要地介绍了铁路运输业、铁路基本知识与基本原理，使学生了解运输业的性质与种类、铁路线路、站场、机车车辆、动车组、信号通信等运输设备及铁路客货运与行车组织工作、高速铁路的基本知识。通过对本课程的学习，使学生建立铁路运输整体概念，掌握铁路运营机制，树立铁路全局观念，了解铁路各专业之间的关系，确定本专业在整个铁路运输业中的地位及重要性，为学生适应铁路企业工作打下基础。

2. 课程功能定位（见表 1-6-3）

表 1-6-3　课程功能定位分析

对接的工作岗位	对接培养的职业岗位能力
接触网工	1. 初步了解各型号机车及其工作原理
	2. 了解铁路线路、车站、供电等基础知识

1.6.3 课程目标与内容

1. 课程总目标

（1）通过对本课程的学习，使学生建立铁路运输整体概念，掌握铁路运营机制，树立铁路全局观念。

（2）了解铁路各专业之间的关系，确定本专业在整个铁路运输业中的地位及重要性，为学生适应铁路企业工作打下基础。

2. 课程具体目标（见表 1-6-4）

表 1-6-4　课程教学目标与内容

序号	毕业要求指标点	知识目标	技能目标	素质目标	教学内容
1	建立铁路运输整体概念，掌握铁路运营机制，树立铁路全局观念，了解铁路各专业之间的关系，确定本专业在整个铁路运输业中的地位及重要性	了解现代交通运输的种类和特征；我国铁路发展的概况及规划	理解铁路运输业的特点、任务及管理组织系统	具有学习新知识的能力；树立铁路全局观念	绪论
2		了解铁路线路的组成及铁路等级和技术标准；了解路基、桥隧建筑物；了解铁路线路维修的基本内容；了解铁路限界的含义、用途及主要的技术参数	掌握线路标志、轨道上两股钢轨的相互位置	培养学生的细心与耐心，归纳总结能力	铁路线路

序号	毕业要求指标点	知识目标	技能目标	素质目标	教学内容
3		了解车站的作用及分类；理解区间、区段、车站线路的种类与线间距、股道和道岔的编号及股道有效长等基本概念；了解铁路枢纽的含义、设备、类型及综合自动化的基本内容	掌握中间站的主要作业、设备、布置图；区段站、编组站的主要作业、设备、布置图；编组站的主要作业流程，重点掌握驼峰调车的主要设备和作业流程	培养学生的逻辑能力、归纳总结能力	铁路车站
4		了解车辆的基本构造及检测系统	掌握车辆的分类、用途、标记、车辆方位及技术参数	培养学生的耐心和记忆力	铁路车辆
5		了解铁路机车的分类；机车运用维修的基本知识	掌握电气化铁道系统的组成及任务；内燃机车的构成及其作用原理；电力机车的构成及其作用原理	培养学生的逻辑能力、归纳能力	铁路机车
6	建立铁路运输整体概念，掌握铁路运营机制，树立铁路全局观念，了解铁路各专业之间的关系，确定本专业在整个铁路运输业中的地位及重要性	了解动车组的基本概念、主要技术特点及国外高速列车和国内动车组的发展；和谐号CRH动车组的基本知识	掌握分辨出不同种类动车组，简单说出其一般性能的能力	培养学生的细心与耐心，归纳总结能力	铁路动车组
7		了解铁路信号的作用、分类；列车运行控制系统及调度指挥系统的组成和功能；铁路通信系统基本功能及对铁路运输产生的作用	掌握信号基础设备的种类、设置、作用；联锁的概念、作用及设备；区间闭塞设备的分类及作用	培养学生的细心与耐心，归纳总结能力	铁路信号与通信
8		了解客货运输的作业过程，强化旅客货物安全运输意识树立合同意识；列车的编组、列车运行图及通过能力	掌握铁路运输调度指挥、车站行车组织工作的基本概念和组织内容；行车安全、人身安全的基本要求及预防措施	培养学生的细心与耐心，归纳总结能力	铁路运输组织
9		了解高速铁路的发展概况、技术经济特征、我国高速铁路发展规划；了解高速铁路运输组织；了解重载运输的模式、技术设备及运输组织	掌握高速铁路线路、车站、牵引动力与车辆、信号与控制技术设备的特点及组成	培养学生的细心与耐心，归纳总结能力	高速铁路及重载运输
10		了解铁路运输设备	熟悉铁路运输设备并能准确辨认	培养学生的安全意识；善于运用各种信息资源	现场教学

3. 课程教学内容（见表 1-6-5）

表 1-6-5　课程教学安排

序号	项目（模块）	任务（单元）	教学内容	重点、难点	学时
1	课题一　绪论	第一节　现代交通运输的作用、性质和种类 第二节　铁路运输业 第三节　我国铁路发展规划	1. 现代交通运输的种类和特征； 2. 我国铁路发展的概况及规划； 3. 铁路运输业的特点、任务及管理组织系统	重点：现代交通运输的种类和特征；我国铁路发展的概况及规划。 难点：铁路运输业的特点、任务及管理组织系统	2
2	课题二　铁路线路	第一节　概述 第二节　铁路线路的平面和纵断面 第三节　路基、桥隧建筑物	1. 铁路线路的组成及铁路等级和技术标准； 2. 路基、桥隧建筑物及轨道的组成； 3. 线路标志	重点：铁路线路的组成及铁路等级和技术标准；路基、桥隧建筑物及轨道的组成。 难点：线路标志	2
		第四节　轨道 第五节　限界 第六节　工务工作	1. 铁路线路维修的基本内容； 2. 铁路限界的含义、用途及主要的技术参数； 3. 轨道上两股钢轨的相互位置	重点：铁路线路维修的基本内容；铁路限界的含义、用途及主要的技术参数。 难点：轨道上两股钢轨的相互位置	2
3	课题三　铁路车站	第一节　概述 第二节　中间站	1. 车站的作用及分类； 2. 区间、区段、车站线路的种类与线间距、股道和道岔的编号及股道有效长等基本概念； 3. 中间站的主要作业、设备、布置图	重点：车站的作用及分类；区间、区段、车站线路的种类与线间距、股道和道岔的编号及股道有效长等基本概念。 难点：中间站的主要作业、设备、布置图	2
		第三节　区段站 第四节　编组站 第五节　铁路枢纽	1. 铁路枢纽的含义、设备、类型及综合自动化的基本内容； 2. 区段站、编组站的主要作业、设备、布置图； 3. 编组站的主要作业流程，重点掌握驼峰调车的主要设备和作业流程	重点：铁路枢纽的含义、设备、类型及综合自动化的基本内容。 难点：区段站、编组站的主要作业、设备、布置图；编组站的主要作业流程，重点掌握驼峰调车的主要设备和作业流程	4
4	课题四　铁路车辆	第一节　概述	1. 车辆的基本构造； 2. 车辆的分类、用途、标记、车辆方位及技术参数	重点：车辆的基本构造。 难点：车辆的分类、用途、标记、车辆方位及技术参数	2
		第二节　车辆的基本构造 第三节　车辆检修制度和检测系统。	车辆的基本构造及检测系统	重难点：车辆的基本构造及检测系统	2
5	课题五　铁路机车	第一节　概述 第二节　内燃机车 第三节　电气化供电系统	1. 铁路机车的分类； 2. 电气化铁道系统的组成及任务； 3. 内燃机车的构成及其作用原理	重点：铁路机车的分类。 难点：电气化铁道系统的组成及任务；内燃机车的构成及其作用原理	4
		第四节　电力机车 第五节　机车运用与检修	1. 机车运用与维修的基本知识； 2. 电力机车的构成及其作用原理	重点：机车运用与维修的基本知识。 难点：电力机车的构成及其作用原理	2

序号	项目（模块）	任务（单元）	教学内容	重点、难点、考核点	学时
6	课题六 铁路动车组	第一节 概述 第二节 国外高速列车简介 第三节 国内动车组的发展 第四节 和谐号 CRH 动车组	1. 动车组的基本概念、主要技术特点及国外高速列车和国内动车组的发展； 2. 和谐号 CRH 动车组的基本知识	重难点：动车组的基本概念、主要技术特点及国外高速列车和国内动车组的发展；和谐号 CRH 动车组的基本知识	4
7	课题七 铁路信号和通信	第一节 概述 第二节 铁路信号基础设备 第三节 联锁设备 第四节 闭塞设备 第五节 列车运行控制及调度指挥系统 第六节 铁路通信系统	1. 铁路信号的作用、分类；列车运行控制系统及调度指挥系统的组成和功能； 2. 铁路通信系统基本功能及对铁路运输产生的作用； 3. 信号基础设备的种类、设置、作用； 4. 联锁的概念、作用及设备； 5. 区间闭塞设备的分类及作用	重点：铁路信号的作用、分类；列车运行控制系统及调度指挥系统的组成和功能；铁路通信系统基本功能及对铁路运输产生的作用。 难点：信号基础设备的种类、设置、作用；联锁的概念、作用及设备；区间闭塞设备的分类及作用	4
8	课题八 铁路运输组织	第一节 旅客运输组织 第二节 货物运输组织 第三节 铁路行车组织 第四节 铁路运输安全	1. 客货运输的作业过程，强化旅客货物安全运输意识树立合同意识； 2. 列车的编组、列车运行图及通过能力； 3. 铁路运输调度指挥、车站行车组织工作的基本概念和组织内容； 4. 行车安全、人身安全的基本要求及预防措施	重点：客货运输的作业过程，强化旅客货物安全运输意识树立合同意识；列车的编组、列车运行图及通过能力。 难点：铁路运输调度指挥、车站行车组织工作的基本概念和组织内容；行车安全、人身安全的基本要求及预防措施	2
9	课题九 高速铁路及重载运输	第一节 高速铁路 第二节 重载运输	1. 高速铁路的发展概况、技术经济特征、我国高速铁路发展规划； 2. 高速铁路运输组织；重载运输的模式、技术设备及运输组织； 3. 高速铁路线路、车站、牵引动力与车辆、信号与控制技术设备的特点及组成	重点：高速铁路的发展概况、技术经济特征、我国高速铁路发展规划；高速铁路运输组织；重载运输的模式、技术设备及运输组织。 难点：高速铁路线路、车站、牵引动力与车辆、信号与控制技术设备的特点及组成	4
10	现场教学		现场了解和认识铁路运输基本设备的组成	重难点：铁路运输基本设备的组成	2
11	课内考试		考核知识掌握情况		2

注：每个任务（单元）最多不超过 12 学时。

1.6.4　课程考核

本门课程为闭卷考试，结合平时考勤、课堂表现、作业的成绩综合评定。期末理论考试成绩占总成绩的 70%，平时成绩占 30%，平时成绩通过课堂讨论发言、作业、考勤、课堂表现等综合评定。

1.6.5　实施要求

1. 授课教师基本要求

（1）担任本课程教学任务的教师的应为研究生以上学历、职称为讲师以上，至少有 4 个月的现场挂职经历。

（2）具有高校教师职业资格证书；具有相当的铁道供电技术专业基本素质。

2. 实践教学条件要求

校内实训室要求如表 1-6-6 所示。

表 1-6-6　室外轨道交通综合实训基地

实训室名称：室外轨道交通综合实训基地　　　　　　　　　　　　　　面积要求：1 000 m²

序号	核心设备	数量要求	备注
01	接触网		
02	电力线路		

3. 教学方法和策略

（1）教学方法：根据学情分析和教学内容特征，选择讲授教学、讨论教学法、案例教学法、演示教学法、启发教学法等教学法。

（2）教学策略：结合理论教学与现场参观的方法，加深学生对知识的认知和掌握，可选择引进行业、企业专家参与教学等。

4. 教材和数字化资源的选用（见表 1-6-7、表 1-6-8）

表 1-6-7　铁道概论课程教材选用

序号	教材名称	出版社	主编	出版日期
1	铁道概论	中国铁道出版社	周平	2015.10

表 1-6-8　铁道概论课程参考教材选用

序号	教材名称	出版社	主编	出版日期
1	铁路运输设备	中国铁道出版社	张唯	2002.8
2	高速铁路概论	中国铁道出版社	李学伟	2010.3

1.7 "公关礼仪"课程标准

1.7.1 课程信息

1. 课程基本信息（见表 1-7-1）

表 1-7-1 课程基本信息

课程名称	公关礼仪	开课部门	铁道供电教研室	
课程代码		课程性质	专业基础课	
参考学分/学时	1.5/26	考核性质	考查	
适用专业	铁道供电技术	课程类型	理论课	
			实践课	
			理论+实践（整周）	
			理实一体化	√

2. 课程建设团队（见表 1-7-2）

表 1-7-2 课程建设团队名单

序号	姓名	工作单位	职称/职务
1	李××	柳州铁道职业技术学院	讲师
2	蒋×	柳州铁道职业技术学院	副教授
3	阳×	柳州铁道职业技术学院	讲师
4	蔡×	柳州铁道职业技术学院	辅导员

1.7.2 课程性质

1. 课程类型

公关礼仪课程是一门实践性和应用性都很强的综合性学科，属于专业限选课。通过本课程的学习，学生内在素质与外在素质整体性提高，创新精神和实践能力得到有效的培养。本课程是针对铁路客货运岗位开设的一门理实一体化教学课，对接铁路客货运岗位专业人才培养目标，为铁路培养高素质人才奠定基础。

044

2．课程功能定位（见表 1-7-3）

表 1-7-3　课程功能定位分析

对接的工作岗位	对接培养的职业岗位能力
铁路客货运岗位	1. 铁路企业岗位员工外在形象的塑造
	2. 铁路企业岗位员工内在礼仪规范素养的提升

1.7.3　课程目标与内容

1．课程总目标

（1）根据我国职业教育 "以服务为宗旨，以就业为导向" 的发展方针，践行社会主义核心价值观，为社会输送具有良好职业道德操守高素质专业人才。

（2）通过学习现代公关礼仪规范与技能训练，使学生掌握与人交往的行为规范及工作场合的礼貌、礼节，掌握敬人、自律、适度、真诚的待人处事原则，提高旅客满意度，提升铁路的企业形象，实现铁路优质品牌的增值。

2．课程具体目标

表 1-7-4　课程教学目标与内容

序号	毕业要求指标点	知识目标	技能目标	素质目标	教学内容
1	懂得人与人交往礼仪礼节	学习礼仪的重要性	礼仪素养的内容及学习方法	理解礼仪的内涵、核心	公关礼仪概述
2	能在工作及生活环境中得体地修饰仪容仪表	理解仪容修饰的重要性	掌握仪容仪表修饰基本技能	真正感悟和环境人文相和谐的仪容仪表美	仪容修饰
3	能在工作及生活环境中着装得体	理解服饰礼仪的重要性及着装 TPO 原则	掌握职场着装的技巧、禁忌；实操职业丝巾、领带的系法	真正感悟和环境人文相和谐的服饰搭配美	服饰礼仪
4	能在工作及生活环境中仪容仪表、着装得体	掌握职业妆原则及化妆技巧；掌握职业领带、丝巾系法	掌握职业妆原则及化妆技巧；掌握职业领带、丝巾系法	熟练运用仪容仪表修饰技能；熟练运用领带、丝巾系法	服饰、仪容修饰训练
5	培养学生在工作生活中具有良好的仪态和精神风貌	理解仪态礼仪的重要性、仪态礼仪规范	掌握站、坐、走、蹲、手势基本仪态规范技巧	培养学生在工作生活中具有良好的仪态和精神风貌	仪态礼仪
6	培养学生内涵气质，提升整体形象	掌握站姿、坐姿、走姿、蹲姿、手势训练的要点	训练考核学生站姿、坐姿、走姿、蹲姿、手势是否规范	培养学生内涵气质，提升整体形象	仪态礼仪训练
7	掌握见面礼仪规范及其应用	了解工作、社交场合初次见面礼仪素质的重要性	掌握称呼、介绍、握手、名片等见面礼仪规范	掌握见面礼仪规范及其应用	见面礼仪
8	能在工作生活中熟练得体运用见面礼节	加强见面礼仪礼节运用能力训练	称呼、介绍、握手、递接名片、鞠躬、致意礼节训练	能在工作生活中熟练得体运用见面礼节	见面礼节训练

序号	毕业要求指标点	知识目标	技能目标	素质目标	教学内容
9	在工作生活中熟练得体地运用交谈礼仪	了解交谈礼仪的重要性	掌握说话之道、寒暄与敬语的运用、交谈方式禁忌、个人隐私五不问	在工作生活中熟练得体地运用交谈礼仪	交谈礼仪
10	学生在工作生活中能熟练得体地拜访迎送客人	掌握拜访、迎访礼仪规范	拜访礼仪规范：有约在先、为客有方、适时告辞；迎访礼仪规范：待客准备、热情迎客、温情送客	培养学生在工作生活中熟练得体地拜访迎送客人	访送礼仪
11	学生在社交场合能熟练得体地参加宴请聚会人际交往活动	了解宴请礼仪的知识点	掌握座次安排、用餐、敬酒、西餐礼仪规范	培养学生在社交场合熟练得体地参加宴请聚会人际交往活动	宴请礼仪
12	培养学生在求职面试时得体的表现以获得更多的机会	了解求职礼仪基本规范；掌握面试考核的基本要求	熟练掌握运用求职礼仪基本规范	培养学生在求职面试时得体的表现获得更多的机会	求职礼仪及面试考核要求
13	学生在求职面试时得体地表现以获得更多的机会	考核公关礼仪知识的应用和全面礼仪素养能力	考核求职应聘中的沟通互动能力	培养学生在求职面试时具备相应的礼仪素养	面试考核

3. 课程教学内容（见表1-7-5）

表1-7-5　课程教学内容与安排

序号	项目（模块）	任务（单元）	教学内容	重点、难点	学时
1	项目1：公关礼仪概述	公关礼仪概述	1. 学习礼仪的重要性、目的； 2. 礼仪内涵； 3. 礼仪学习内容方法	重点：礼仪内涵，礼仪学习内容方法。 难点：礼仪学习内容方法	2
2	项目2：仪容修饰	仪容修饰	1. 仪容仪表修饰的重要性； 2. 仪容仪表修饰的基本技巧； 3. 职业妆流程； 4. 装饰品佩带原则	重点：仪容仪表修饰的基本技巧、职业妆流程。 难点：职业妆流程	2
3	项目3：服饰礼仪	服饰礼仪	1. 服饰礼仪的重要性及TPO原则； 2. 职场着装的技巧； 3. 职场着装的禁忌； 4. 职业丝巾、领带的打法	重点：TPO原则、职场着装的技巧、职场着装的禁忌。 难点：职场着装的技巧	2
4	项目4：服饰、仪容修饰训练	服饰、仪容修饰训练	1. 领带打法要领； 2. 职业淡妆原则、流程、化妆技巧； 3. 丝巾花样打法	重点：职业领带丝巾打法，职业妆技法。 难点：职业妆技法	2
5	项目5：仪态礼仪	仪态礼仪	1. 仪态礼仪的重要性； 2. 仪态礼仪规范：站姿、坐姿、走姿、蹲姿、手势	重点：站、坐、走、蹲、手势礼规范。 难点：站、坐、走、蹲、手势礼规范	2
6	项目6：仪态礼仪训练	仪态礼仪训练	站姿、坐姿、走姿、蹲姿、手势训练	重点：站、坐、走、蹲、手势标准动作训练考核。 难点：站、坐、走、蹲、手势标准动作训练考核	2

序号	项目 (模块)	任务 (单元)	教学内容	重点、难点	学时
7	项目7： 见面礼仪	见面礼仪	1. 见面礼仪素质的重要性； 2. 见面礼仪：称呼、介绍、握手、名片、鞠躬、致意规范	重点：称呼、介绍、握手礼仪规范。 难点：介绍、握手礼仪规范	2
8	项目8： 见面礼节训练	见面礼节训练	称呼、介绍、握手、递接名片、鞠躬、致意礼节训练	重点：称呼、介绍、握手见面礼节演练。 难点：介绍、握手见面礼节演练	2
9	项目9： 交谈礼仪	交谈礼仪	1. 交谈礼仪的重要性； 2. 说话之道； 3. 寒暄与敬语； 4. 交谈方式禁忌； 5. 个人隐私五不问； 6. 实操：交谈礼仪在日常生活情境中的运用	重点：说话之道、交谈方式的禁忌。 难点：说话之道	2
10	项目10： 拜访礼仪	拜访礼仪	1. 拜访礼仪规范：有约在先、为客有方、适时告辞； 2. 迎访礼仪规范：待客准备、热情迎客、温情送客	重点：拜访、迎访相关礼仪规范。 难点：拜访、迎访相关礼仪规范	2
11	项目11： 宴请礼仪	宴请礼仪	1. 宴请准备：时间、地点、请柬、菜单； 2. 宴请座次安排； 3. 餐桌用餐、敬酒礼仪规范； 4. 西餐礼仪规范	重点：座次安排礼仪、用餐、敬酒礼仪规范。 难点：座次安排礼仪	2
12	项目12： 求职礼仪及面试考核要求	求职礼仪及面试考核要求	1. 求职礼仪规范； 2. 面试考核的基本要求	重点：面试考核的基本要求。 难点：面试考核的基本要求	2
13	项目13： 面试考核	面试考核	1. 全面礼仪素养考核； 2. 礼仪知识及其应用； 3. 求职面试沟通互动能力	重点：求职面试沟通互动能力	2

1.7.4 课程考核

1. 考核内容

本课程考核采取面试考试方式，结合平时书面作业成绩、课堂讨论实操作业成绩综合评定。

2. 考核形式

课程考核采用形成性考核（即过程考核）和终结性考核相结合的方式，过程考核占50%，过程考核包括课后作业（50%）以及课堂考勤与课堂表现（50%）。终结性考核占50%，终结性考核一般指期末考试。

1.7.5 实施要求

1. 授课教师基本要求

（1）具有高校教师资格证书；具有大学本科学历；具有讲师及以上职称。

（2）具有理想信念、道德情操、扎实学识、仁爱之心。

（3）具有一定的礼仪教学经验。

2. 教学方法和策略

（1）教学方法：根据学情分析和教学内容特征，以讲授法为主，结合情景演练法、演示法、案例教学法、讨论式教学法、探究式教学法等教学法。

（2）教学策略：坚持"实用为度"的原则选择相关教学内容，运用图片、视频、动画等多媒体教学手段，让知识直观化，使学生能够快速掌握所学知识并且应用到实际的工作生活中。按课堂讲解教学重、难点，课后布置作业复习巩固的模式开展教学。

3. 教材和数字化资源的选用（见表 1-7-6、表 1-7-7）

表 1-7-6　公关礼仪课程教材选用

序号	教材名称	出版社	主编	出版日期
1	社交礼仪	高等教育出版社	林友华	2019.3

表 1-7-7　公关礼仪课程参考教材选用

序号	教材名称	出版社	主编	出版日期
1	社交礼仪	武汉大学出版社	李智	2014.4
2	公关礼仪	东北财经大学出版社	何伟祥	2012.9
3	现代礼仪	中国人民大学出版社	路银芝	2018.1

2 专业核心课

2.1 "变电所运行与维护"课程标准

2.1.1 课程信息

1. 课程基本信息（见表 2-1-1）

表 2-1-1 课程基本信息

课程名称	变电所运行与维护	开课部门	铁道供电教研室	
课程代码		课程性质	专业核心课	
参考学分/学时	6.0/100	考核性质	统考	
适用专业	铁道供电技术	课程类型	理论课	
			实践课	
			理论+实践（整周）	√
			理实一体化	

2. 课程建设团队（见表 2-1-2）

表 2-1-2 课程建设团队名单

序号	姓名	工作单位	职称/职务
1	吕××	柳州铁道职业技术学院	讲师/工程师
2	张××	柳州铁道职业技术学院	副教授
3	于××	柳州铁道职业技术学院	副教授/工程师
4	缪××	中国铁路南宁局集团公司柳州供电段	团委书记

2.1.2 课程性质

1. 课程类型

本课程是铁道供电技术专业必修的专业核心课程。具有很强的实践性和实用性，故安排有两周整周实训。牵引变电所作为电气化铁道供电系统的重要组成部分，大量采用先进技术与新型设备，逐步实现监控自动化、远动化，运行管理智能化，性能检测及故障诊断现代化。通过本课程的学习，使学生了解掌握牵引变电所的高压电气设备的结构、原理、运行与维护的基本常识；电气主接线及其倒闸作业方法；一次设备的控制、信号电路及其操作电源等内容。培养学生解决牵引变电所供电系统运行维护等实际问题的能力，为今后走上工作岗位，从事电力技术工作打下初步基础。

2. 课程功能定位（见表 2-1-3）

表 2-1-3　课程功能定位分析

对接的工作岗位	对接培养的职业岗位能力	对应岗位的知识点
变配电值班员	1. 掌握变配电所常用防护用具的正确使用方法	1. 工器具的检查与使用
		2. 一次设备走线
	2. 具备较好的电气识图能力	1. 电气主接线的识读
		2. 二次回路展开图分析
	3. 熟悉岗位工作内容及流程	1. 工作票的办理
		2. 倒闸操作流程
变配电检修工	1. 掌握常用防护用具的正确使用方法	1. 工器具的检查与使用
		2. 一次设备走线
	2. 具备较好的电气识图能力	1. 电气主接线的识读
		2. 二次回路展开图分析
	3. 具备一定的电路故障查找及排除能力	1. 一次设备的运行与维护
		2. 二次回路展开图分析

2.1.3　课程目标与内容

1. 课程总目标

本课程在使学生掌握牵引变电所供变电技术过程中，按照"以应用为目的，以必须够用为度，以讲清概念，强化应用为教学重点"的原则，强化学生必须具备的应用性专业知识和技能。

2. 课程具体目标（见表 2-1-4）

表 2-1-4　课程教学目标与内容

序号	毕业要求指标点	知识目标	技能目标	素质目标	教学内容	教学资源
1	清楚电力系统及牵引供电系统的组成	了解电力系统的组成和负荷等级；了解牵引供电系统的基本构成；熟悉牵引供电系统供电方式、电流制式及牵引变电所的供电方式	能说出电力系统及牵引供电系统的组成	具备分析牵引供电系统的能力	项目1：电气化铁路牵引供电系统的认知 1.1 电力系统 1.2 牵引供电系统	PPT

序号	毕业要求指标点	知识目标	技能目标	素质目标	教学内容	教学资源
2	熟悉一次设备结构、具备较好的设备认知与分析能力	熟悉牵引变压器的基本知识和结构；了解牵引变压器的几种接线方式、运行和巡视内容；了解电弧产生与熄灭的因素及危害；交流电弧的熄灭特点，灭弧的方法及装置；了解高压断路器的作用及组成、分类、技术参数；理解SF6断路器和真空断路器灭弧原理；认识常用断路器的结构；了解常用断路器的运行、维护与操作规定；熟悉隔离开关的作用、分类、基本结构；了解隔离开关的运行规定和操作要求；熟悉电流和电压互感器的结构、作用；了解其结线方式、运行规定和巡视内容；熟悉避雷器、避雷针和接地装置的作用、结构及工作原理。了解牵引变电所的其他装置的基本知识；熟悉牵引变电所熔断器的工作原理；了解巡视内容和运行要求	能说出主要一次设备的作用、结构特点、工作原理	具备认识牵引变电所一次设备的结构和作用的能力	项目2：牵引变电所一次设备的运行与维护 2.1 牵引变压器的运行与维护 2.2 断路器的运行与维护 2.3 隔离开关的运行与维护 2.4 互感器的运行与维护 2.5 防雷设施的运行与维护 2.6 其他装置的运行与维护	PPT视频现场图片
3	读懂普铁、高铁牵引变电所电气主接线	掌握检修作业的分类；了解工作票的基本知识；理解倒闸操作的基本操作方式和原则；熟悉倒闸操作常用术语、流程和注意事项；了解主接线的基本概念；掌握电气元件的图形和文字符号；理解牵引变电所的分类；理解掌握内桥接线和外桥接线、线路分支接线（双T）、单母线接线的特点；掌握改变运行方式时倒闸分析方法；熟悉牵引变电所牵引侧主接线；熟悉开闭所、分区所、AT所电气主接线形式和特点；理解三相V/V、V/X接线牵引变电所的电路组成；掌握电路的工作原理和倒闸操作	能说出电气主接线的构成，对典型接线方式进行倒闸操作	规范识图方法，掌握电气语言	项目3：牵引变电所电气主接线的识读 3.1 工作票的办理 3.2 倒闸作业 3.3 电气主接线的认识 3.4 牵引变电所电气主接线举例	PPT现场图片
4	读懂典型的断路器和隔离开关的二次回路展开图	了解二次回路和安装接线的概念；熟悉归总式原理接线图及展开式原理图。掌握接线端子的编号方法；了解断路器控制电路的基本构成和分类；掌握控制开关的原理及图形、文字符号；理解掌握电磁型、弹簧型和液压型操动机构的断路器控制、信号电路的电路结构，掌握电路的工作原理及分析方法；理解掌握CJ2型电动操作隔离开关、隔离开关与断路器联动操作的控制、信号电路的电路结构；掌握电路的工作原理及分析方法；了解几种信号回路的工作原理；了解交、直流电源柜工作原理；了解直流柜运行与维护内容	能完全掌握二次回路展开图的分析方法	建立二次回路检修工作逻辑	项目4：牵引变电所二次回路的识读 4.1 二次回路的认识 4.2 断路器的控制信号回路 4.3 隔离开关的控制信号回路 4.4 音响信号二次回路 4.5 交、直流电源柜	PPT图片

序号	毕业要求指标点	知识目标	技能目标	素质目标	教学内容	教学资源
实践部分	熟悉高铁牵引变电所模拟仿真设备的构成、操作和检查方法	了解常用的防护用具；掌握控制室二次设备及户外一次设备的构成和操作；掌握高压室中控制开关的方法；掌握手动隔离开关、网开关柜的操作方法	学会保护测控柜、高压开关柜、网开关柜的操作与检查方法；室外隔离的分合闸方法	1.培养学生总体认识变电所一次设备、二次设备的构成和操作；2.具备熟悉变电所设备的运行方式、操作方法的能力；3.具备识读主接线图的能力	实训项目1：高铁牵引变电所模拟仿真设备认知；保护测控柜认知操作；开关柜认知操作；室外隔离开关认知操作；网开关柜认知操作	仿真实训
	熟悉高铁牵引变电所模拟仿真倒闸操作原则与步骤	掌握正确的验电方法；熟悉直列供电和交叉供电；熟悉馈线的备用方式；掌握倒换电源、倒换变压器、馈线停送电的原则和操作步骤	学会倒换电源、倒换变压器、馈线停送电的原则和操作步骤	1.具备熟悉倒闸操作原则与要求的能力；2.具备掌握倒闸操作步骤和注意事项的能力	实训项目2：高铁牵引变电所模拟仿真倒闸操作；倒换电源操作；倒换变压器操作；馈线停送电操作	仿真实训
	熟悉高铁牵引变电所主控制室、电源侧、牵引侧各设备结构、作用和相互连接关系	能识读二次系统图；结合主接线图认知电源侧断路器、隔离开关、避雷器、互感器、主变压器等设备的结构、作用与相互连接关系；牵引侧实物区域断路器、隔离开关、所变等设备的结构、作用与连接关系	学会读懂二次系统图、主接线图；学会用主接线图对照实物的连接方式	1.能根据二次系统图进行故障分析；2.深化识读主接线图的能力；3.熟知变电所各区域的设备构成与相互连接关系	实训项目3：高铁牵引变电所一次系统走线；电源侧主接线图走线；牵引侧主接线图走线	实物实训
	熟悉工器具的检查与使用方法；会填写倒闸操作票；熟悉倒闸操作流程	掌握工器具的检查与使用方法；熟悉倒闸操作票的识读与填写方法；清楚倒闸操作流程、规范进行倒闸操作	根据任务能填写倒闸操作票、按照倒闸流程规范地进行倒闸操作	1.学会工器具的使用与检查方法；2.熟悉值班员角色和助理值班员角色的倒闸操作流程	实训项目4：高铁牵引变电所倒闸作业实操工器具检查与使用；倒闸操作票填写；分组分角色倒闸操作	实操实训
	分组实物操作模块考核	倒换电源、馈线停送电、倒换变压器的实物倒闸操作	实物倒闸操作	实物倒闸操作	考核：高铁牵引变电所实物操作模块考核	分组考核

3. 课程教学内容（见表 2-1-5）

表 2-1-5　课程教学安排

序号	项目（模块）	任务（单元）	教学内容	重点、难点	教学方法和手段	学时
1	项目1：电气化铁路牵引供电系统的认知	1.1 电力系统 1.2 牵引供电系统	1. 电力系统的组成和负荷等级； 2. 牵引供电系统供电方式、电流制式及牵引变电所的供电方式	重点：牵引供电系统供电制式和组成；牵引供电系统的供电方式。 难点：牵引供电系统的供电方式	讲授法、图片分析法、对比分析法	2
2	项目2：牵引变电所一次设备的运行与维护	2.1 牵引变压器的运行与维护	1. 牵引变压器的基本知识； 2. 牵引变压器的几种接线方式； 3. 牵引变压器的结构； 4. 牵引变压器的运行和巡视内容	重点：牵引变压器的接线方式；变压器的结构组成。 难点：牵引变压器的接线方式	讲授法、图片分析法、对比分析法	4
		2.2 断路器的运行与维护	1. 电弧产生与熄灭的原因及危害； 2. 交流电弧的熄灭特点，灭弧的方法及装置； 3. 高压断路器的作用及组成、分类、技术参数； 4. SF6断路器和真空断路器灭弧原理； 5. 常用断路器的结构； 6. 常用断路器的运行、维护与操作规定	重点：电气设备的符号；电弧的产生与熄灭；灭弧的基本方法。 难点：灭弧的基本方法；SF6断路器和真空断路器灭弧原理	讲授法、图片分析法	6
		2.3 隔离开关的运行与维护	1. 隔离开关的作用、分类、基本结构； 2. 隔离开关的运行规定和操作要求	重点：高压隔离开关的作用及分类；隔离开关的结构及工作原理。 难点：隔离开关的作用	讲授法、图片分析法、视频分析法	2
		2.4 互感器的运行与维护	1. 电流互感器和电压互感器的结构、作用； 2. 电流互感器和电压互感器的结线方式、运行规定和巡视内容	重点：电流互感器和电压互感器的结线方式。 难点：电流互感器和电压互感器的结线方式	讲授法、图片分析法、对比分析法	2
		2.5 防雷设施的运行与维护 2.6 其他装置的运行与维护	1. 避雷器、避雷针和接地装置的作用、结构及工作原理； 2. 牵引变电所的其他装置的基本知识； 3. 牵引变电所熔断器的工作原理； 4. 正常巡视内容和运行要求	重点：避雷器、避雷针和接地装置的作用及工作原理；熔断器的工作原理。 难点：避雷器、避雷针和接地装置的作用及工作原理；熔断器的工作原理	讲授法、图片分析法	2
3	项目3：牵引变电所电气主接线的识读	3.1 工作票的办理 3.2 倒闸作业	1. 检修作业的分类； 2. 工作票的基本知识； 3. 倒闸操作的基本操作方式和原则； 4. 倒闸操作常用术语和流程； 5. 倒闸操作的注意事项	重点：倒闸操作的基本操作原则；倒闸操作常用术语和流程。 难点：倒闸操作的基本操作原则	讲授法、读书指导法	2

序号	项目（模块）	任务（单元）	教学内容	重点、难点	教学方法和手段	学时
3	项目3：牵引变电所电气主接线的识读	3.3 电气主接线的认识	1. 主接线的基本概念； 2. 电气元件的图形和文字符号； 3. 牵引变电所的分类； 4. 桥型接线的定义和分类；内桥接线和外桥接线的特点及倒闸操作； 5. 分支接线（双T）的特点；改变运行方式时线路分支接线的倒闸分析方法； 6. 单母线接线的定义；改变运行方式时单母线分段带旁路母线接线的倒闸分析方法； 7. 牵引变电所牵引侧主接线； 8. 开闭所、分区所、AT所电气主接线形式和特点	重点：各接线方式的特点及倒闸操作。 难点：各接线方式的倒闸操作	讲授法、图片分析法、对比分析法	8
		3.4 牵引变电所电气主接线举例	1. 三相V/V接线牵引变电所的电路组成；电路的工作原理和倒闸操作； 2. V/X接线牵引变电所的电路组成；电路的工作原理和倒闸操作	重点：两种牵引变电所电气主接线的电路组成、工作原理和倒闸操作。 难点：两种牵引变电所电气主接线的倒闸操作	讲授法、图片分析法、案例分析法	4
4	项目4：牵引变电所二次回路的识读	4.1 二次回路的认识	1. 二次回路的基本概念； 2. 归总式原理接线图及展开式原理图； 3. 安装接线的概念；接线端子的编号方法； 4. 断路器控制电路的基本构成和分类； 5. 控制开关的原理及图形、文字符号	重点：二次回路图的阅图方法。 难点：二次回路图的阅图方法	讲授法、图片分析法	2
		4.2 断路器的控制信号回路	1. CD2型电磁型操动机构的断路器控制、信号电路的电路结构，电路的工作原理及分析方法； 2. ZN-1型弹簧操动机构的断路器控制、信号电路的电路结构；掌握电路的工作原理及分析方法； 3. 110 kV液压操动机构的断路器控制、信号电路的电路结构；掌握电路的工作原理及分析方法	重点：手动合闸和分闸过程、事故分闸过程。 难点：电气防跳的原因及原理；弹簧型断路器储能回路的工作原理	讲授法、图片分析法、对比分析法	10
		4.3 隔离开关的控制信号回路	1. CJ2型电动操作隔离开关的控制、信号电路的电路结构；电路的工作原理及分析方法； 2. 隔离开关与断路器联动操作的控制信号回路；手动合闸过程、手动分闸过程；保护分闸和信号回路的工作原理	重点：手动合闸与分闸过程、保护分闸和信号回路的工作原理。 难点：保护分闸和信号回路的工作原理	讲授法、图片分析法、对比分析法	6

序号	项目（模块）	任务（单元）	教学内容	重点、难点	教学方法和手段	学时
4	项目4、牵引变电所二次回路的识读	4.4 音响信号二次回路 4.5 交、直流电源柜	1. 几种信号回路的工作原理； 2. 交、直流电源柜工作原理； 3. 直流柜运行与维护内容	重点：信号回路的工作原理。 难点：交、直流电源柜工作原理	讲授法、图片分析法	2
实践部分	实训项目1：高铁牵引变电所模拟仿真设备认知	保护测控柜认知操作	1. 常用的防护用具； 2. 主变保护测控屏控制开关的操作	重点：主变保护测控屏控制开关的操作；断路器和隔离开关的检查。 难点：断路器的检查	演示法、练习法	2
		开关柜认知操作	开关柜的操作和检查	重点：开关柜的操作和检查。 难点：隔离开关和断路器的操作顺序	演示法、练习法	2
		室外隔离开关认知操作、网开关柜认知操作	1. 室外手动隔离开关的合闸和分闸； 2. 隔离开关、断路器合闸红灯、分闸绿灯的状态检查	重点：室外手动隔离开关的合闸和分闸；隔离开关、断路器合闸红灯、分闸绿灯的状态检查。 难点：开关锁的打开与锁上；隔离开关、断路器合闸红灯、分闸绿灯的状态检查	演示法、练习法	2
	实训项目2：高铁牵引变电所模拟仿真倒闸操作	倒换电源操作	1. 验电的方法； 2. 倒换电源的操作原则； 3. 倒换电源的操作步骤	重点：倒换电源的操作原则；倒换电源的操作步骤。 难点：倒换电源的操作原则；倒换电源的操作步骤	演示法、练习法	8
		馈线停、送电操作	1. 馈线的备用方式； 2. 馈线停、送电的原则； 3. 馈线停、送电操作步骤	重点：馈线停、送电的原则；馈线停、送电操作步骤。 难点：馈线停、送电的原则；馈线停、送电操作步骤	演示法、练习法	2
		倒换变压器操作	1. 直列供电及交叉供电； 2. 倒换变压器的操作原则； 3. 倒换变压器的操作步骤	重点：倒换变压器的操作原则；倒换变压器的操作步骤。 难点：倒换变压器的操作原则；倒换变压器的操作步骤	演示法、练习法	6
	实训项目3：高铁牵引变电所一次系统走线	电源侧主接线图走线	1. 二次系统图的识读； 2. 结合 220 kV 侧主接线图认知电源侧断路器、隔离开关、避雷器、互感器、主变压器等设备的结构、作用与相互连接关系	重点：电源侧各设备的结构、作用与相互连接关系。 难点：电源侧各设备的结构、作用与相互连接关系	实物讲解法、分组练习	4
		牵引侧主接线图走线	结合 55 kV 侧主接线图认知牵引侧实物区域断路器、隔离开关、所变等设备的结构、作用与连接关系	重点：牵引侧实物区域断路器、隔离开关、所变等设备的结构、作用与相互连接关系。 难点：牵引侧实物区域断路器、隔离开关、所变等设备的结构、作用与相互连接关系	实物讲解法、分组练习	2
	实训项目4：高铁牵引变电所倒闸作业实操	工器具检查与使用	验电器、安全帽、绝缘靴和绝缘手套的检查与使用方法	重点：验电器、安全帽、和绝缘手套的检查与使用方法。 难点：验电器、安全帽、和绝缘手套的检查与使用方法	演示法、分组练习法	2

序号	项目（模块）	任务（单元）	教学内容	重点、难点	教学方法和手段	学时
实践部分	实训项目4：高铁牵引变电所倒闸作业实操	倒闸操作票填写	倒闸操作票的识读与填写方法	重点：倒闸操作票的识读与填写方法。 难点：倒闸操作票的填写方法	分类指导法	2
		分组分角色倒换电源操作	1. 验电器的使用方法； 2. 主接线图的分析方法； 3. 倒换电源的操作原则； 4. 倒换电源倒闸操作票的填写； 5. 分组分角色倒换电源倒闸操作的操作方法和注意事项	重点：主接线图的分析方法；倒换电源的操作原则；倒换电源倒闸操作票的填写；分组分角色倒换电源倒闸操作的操作方法和注意事项。 难点：主接线图的分析方法；倒换电源倒闸操作票的填写；分组分角色倒换电源倒闸操作的操作方法	角色扮演法、分组练习	4
		分组分角色馈线停送电操作	1. 馈线侧主接线图的分析方法； 2. 馈线的备用方式及操作原则； 3. 馈线停送电倒闸操作票的填写方法； 4. 分组分角色馈线停送电倒闸操作的操作方法和注意事项	重点：馈线停送电倒闸操作票的填写方法；分组分角色馈线停送电倒闸操作的操作方法和注意事项。 难点：馈线停送电倒闸操作票的填写方法；分组分角色馈线停送电倒闸操作的操作方法	角色扮演法、分组练习	2
		分组分角色倒换变压器操作	1. 主接线图的分析方法； 2. 倒换变压器倒闸操作票的填写方法； 3. 分组分角色倒换电源倒闸操作的操作方法和注意事项	重点：主接线图的分析方法；倒换变压器倒闸操作票的填写方法；分组分角色倒换电源倒闸操作的操作方法和注意事项。 难点：倒换变压器倒闸操作票的填写方法；分组分角色倒换电源倒闸操作的操作方法	角色扮演法、分组练习	2
		考核	分组实物操作模块考核	1. 验电器和防护用具的使用； 2. 倒换电源、馈线停送电、倒换变压器的实物倒闸操作	重点：实物倒闸操作。 难点：实物倒闸操作	分组考核	8

注：每个任务（单元）最多不超过12学时。

2.1.4 课程考核

1. 考核内容

本门课程的考核采用过程考核和终结性考核相结合的方式；过程考核由考勤、平时提问、讨论和作业成绩、实训表现等综合评定。终结性考核为期末通过卷面理论考试方法评定，终结性考核主要考核学生是否了解电气化铁道供变电系统的基础知识，系统掌握牵引变电所一次系统和二次系统的接线形式及电路工作原理，掌握分析牵引变电所的一、二次电路图的基本方法，掌握牵引变电所倒闸作业操作方法。培养和提高学生的专业能力，以适应今后参加实际工作的能力需要，为就业打下良好的职业基础。

2. 考核形式

课程成绩的评定方法为平时成绩占 20%，实训成绩占 40%；理论考试占 40%（闭卷）。

2.1.5　实施要求

1. 授课教师基本要求

（1）具备高校教师资格证书，中级及以上职称，熟练掌握变电所学科理论知识。

（2）熟悉变电所一、二次设备；熟悉牵引变电所布局、运行方式；熟悉变配电值班员、变电检修员岗位工作内容；熟悉电工操作安全规程，熟练使用常用电工工具和仪表。

（3）有不少于半年的企业实践经历。

2. 实践教学条件要求

校内实训室要求如表 2-1-6、表 2-1-7 所示。

表 2-1-6　C2-204 高铁牵引变电所仿真实训室

实训室名称：高铁牵引变电所仿真实训室

序号	核心设备	数量要求	备注
1	学生端计算机	54 台	需安装学生端仿真软件
2	教师端计算机	1 台	需安装教师端仿真软件
3	网络服务器	1 台	
4	投影仪	2 台	
5	便携式扩音器	1 台	
6	配套电脑桌椅	54 套	
7	网线水晶头	若干	
8	5 号干电池	若干	

表 2-1-7　C2-205 高铁牵引变电所实训室

实训室名称：高铁牵引变电所实训室

序号	核心设备	数量要求	备注
1	主控制室屏柜		
2	一次系统模拟屏	1 块	
3	电源侧模型区域		
4	牵引侧实物区域		
5	验电器		各电压等级
6	安全帽、绝缘靴、绝缘手套	4	

3. 教学方法和策略

（1）教学方法：主要采用的教学方法有讲授法、图片分析法、案例教学法等方法。

（2）教学策略：选取教师供电段挂职时拍摄的图片，结合现场操作标准，通过线上线下混合式教学，配合实训室仿真设备和实物设备，以达到学习目的。

4. 教材和数字化资源的选用（见表 2-1-8、表 2-1-9）

表 2-1-8　变电所运行与维护课程教材选用

序号	教材名称	出版社	主编	出版日期
1	基于工作过程的牵引变电所运营与维护教程(第二版)	西南交通大学出版社	方彦	2017.8

表 2-1-9　变电所运行与维护课程参考教材选用

序号	教材名称	出版社	主编	出版日期
1	牵引变电系统运行与维护	西南交通大学出版社	赵先堃 窦婷婷	2016.9
2	电气化铁道供变电技术（一次系统）	中国铁道出版社	林永顺	2014.1
3	电气化铁道供变电技术（二次系统）	中国铁道出版社	陶乃彬	2014.8

2.2　"电力线路运行检修与施工"课程标准

2.2.1　课程信息

1. 课程基本信息（见表 2-2-1）

表 2-2-1　课程基本信息

课程名称	电力线路运行检修与施工	开课部门	铁道供电教研室	
课程代码		课程性质	专业核心课	
参考学分/学时	6.0/100	考核性质	统一考试	
适用专业	铁道供电技术	课程类型	理论课	
			实践课	
			理论+实践（整周）	√
			理实一体化	

2. 课程建设团队（见表 2-2-2）

表 2-2-2　课程建设团队名单

序号	姓名	工作单位	职称/职务
1	方　×	柳州铁道职业技术学院	讲师/工程师
2	赵××	柳州铁道职业技术学院	讲师
3	程　×	柳州铁道职业技术学院	讲师/工程师
4	古××	柳州铁道职业技术学院	一级实验师
5	杜××	柳州铁道职业技术学院	讲师
6	余××	柳州铁道职业技术学院	讲师
7	梁　×	中国铁路南宁局集团有限公司柳州供电段	高级技师

2.2.2　课程性质

1. 课程类型

本课程是面向电气化铁道技术专业学生的专业核心课程，其目的是使学生掌握电力线路施工、运行与维护，了解电力线路的结构、装置、材料、特点及安装要求的关系；掌握安装工艺的基本知识及工艺规程的制定，为从事铁道供电技术岗位的工作打好必要的基础。

2. 课程功能定位（见表 2-2-3）

表 2-2-3　课程功能定位分析

对接的工作岗位	对接培养的职业岗位能力
电力线路工	1. 能够掌握电力线路的组成结构、装置、材料
	2. 能够掌握电力线路的施工流程及横担安装、拉线制作等基本施工工艺和工器具的使用方法
	3. 能够掌握电力线路及设备运行、维护及检修的方法
	4. 能够掌握各种电力线路设备故障分析及检修方法

2.2.3　课程目标与内容

1. 课程总目标

（1）通过本课程的学习，使学生掌握本专业岗位所需要的牵引供电系统理论，了解电力线路的基本知识。

（2）熟悉电力电缆线路的基本知识、运行与维护；掌握架空线路的施工、运行与维护。

（3）加强接触网、变电所和高电压技术等专业核心知识间的联系，完善专业知识体系构建，能够进行电力线路的安装与检修。

（4）为学生的职业能力迁移与可持续发展奠定重要基础。

2. 课程具体目标与内容（见表 2-2-4）

表 2-2-4　课程教学目标

序号	毕业要求指标点	知识目标	技能目标	素质目标	教学内容
1	电力线路的组成、设备、特点及用途	了解电力线路的组成、分类；掌握电力线路导线、杆塔、绝缘子、金具等各组成部分的结构、特点及基本要求	能认识各种电力线路设备的图形符号和实物；掌握各组成部分的结构、特点及基本要求	培养学生观察与对比分析能力、语言表达及资料综述能力	电力线路基础
2	电力架空线路的施工工艺流程及现场勘查，各组成部分的安装施工	了解电力架空线路施工的工艺流程、复测分坑；掌握杆塔基础施工及杆塔组立、拉线施工、导线架设、接地装置安装的方法	能分析电力线路的施工工艺流程；会基础施工、杆塔组立、导线架设、接地装置安装	培养学生爱岗敬业、精益求精的精神及团队协作和统筹安排能力	架空配电线路的施工
3	电力架空线路的运行管理与维护、检修	掌握电力线路的运行标准、巡视检查及运行管理；掌握电力线路检修的分类、内容及维护	能对电力线路进行巡视检查、运行管理、线路检修及维护	培养学生爱岗敬业、团队协作、分析解决问题的能力	架空线路的运行与维护
4	电力电缆线路的基本知识及施工、运行与检修	理解电力电缆线路的种类及型号、导体材质及截面积的选择、安装施工流程	能区分不同种类的电力电缆并；能够对电力电缆进行安装和施工	培养学生爱岗敬业、精益求精的精神，以及团队协作和统筹安排能力	电力电缆线路

3. 课程教学内容（见表 2-2-5）

表 2-2-5　课程教学内容

序号	项目（模块）	任务（单元）	教学内容	重点、难点	学时
1	项目1：电力线路基础	1.1 电力线路的作用、分类及组成	1. 电力线路的作用；2. 电力线路的分类；3. 架空电力线路的组成	重点：架空电力线路的组成。难点：电力线路的分类	2
		1.2 架空导线和避雷线	1. 架空线路导线的特点及用途；2. 导线的分类、材料、结构、型号规格及技术性能；3. 避雷线的分类、作用及适用条件	重点：导线的分类、材料、结构。难点：导线的结构及型号规格	2
		1.3 杆塔	1. 杆塔及杆塔基础；2. 杆塔的分类及用途	重点：杆塔按照用途的分类及作用。难点：直线杆、耐张杆、转角杆、终端杆、跨越杆、分支杆的特点、用途及结构组成	4
		1.4 绝缘子	1. 绝缘子的类型及参数；2. 绝缘子的选用	重点：绝缘子的类型；绝缘子的参数及选用条件。难点：绝缘子的参数及选用条件	2

序号	项目（模块）	任务（单元）	教学内容	重点、难点、考核点	学时
1	项目1：电力线路基础	1.5 金具	1. 金具的概念及分类； 2. 不同类型金具的结构、型号、作用及使用条件； 3. 金具的选用及安全系数	重点：不同类型金具的结构和型号；金具的选用及安全系数。 难点：不同类型金具的作用及使用条件	4
2	项目2：架空电力线路施工	2.1 架空线路施工的工艺流程	1. 架空线路的施工工艺流程； 2. 复测分坑	重点：施工安装的环节及启动验收的流程；复测分坑的内容。 难点：复测分坑的内容	2
		2.2 杆塔基础施工	1. 基础的形式及其选择； 2. 开挖基坑及基坑操平； 3. 底盘、卡盘及拉线盘的安装	重点：基础施工、底盘、卡盘及拉线盘的安装。 难点：挖坑的要求及埋深	2
		2.3 杆塔组立	1. 杆塔组立的步骤； 2. 杆顶组装； 3. 机械立杆； 4. 人工立杆	重点：机械立杆法、人工立杆法的内容。 难点：杆塔组立的步骤	4
		2.4 拉线施工	1. 拉线的作用及种类； 2. 拉线的测量与计算； 3. 拉线的安装规定及制作工艺	重点：拉线的制作。 难点：拉线长度的计算方法	4
		2.5 导线的架设	1. 架线的施工流程； 2. 放线的步骤及方法； 3. 导线的连接方法； 4. 紧线的方法和注意事项； 5. 弧垂观测的内容及方法； 6. 解附件安装的内容、方法及注意事项； 7. 接地装置的安装	重点：放线的步骤及方法；导线的连接方法；紧线的方法；钳压连接法和液压连接法的压接步骤；紧线的操作步骤；观测档弧垂的计算方法；针式绝缘子的顶部和颈部绑扎法；过引线的安装；接地装置的安装。 难点：紧线的操作步骤；观测档弧垂的计算方法	4
		2.6 10 kV 架空绝缘线路及施工	1. 绝缘导线的特点； 2. 10 kV 架空绝缘导线的施工	重点：10 kV 架空绝缘导线的施工。 难点：10 kV 架空绝缘导线的施工环节	2
		2.7 杆上施工	1. 脚扣使用登杆练习； 2. 直线杆横担安装	重点：脚扣登杆的方法；直线横担的杆顶安装。 难点：直线横担的杆顶安装	24（整周实训）
		2.8 导线绑扎	1. 顶扎法绑扎导线； 2. 颈扎法绑扎导线	重点：绝缘子顶槽绑扎导线的方法；绝缘子侧槽内绑扎导线的方法。 难点：绝缘子顶槽绑扎导线的方法；绝缘子侧槽内绑扎导线的方法	12（整周实训）

序号	项目（模块）	任务（单元）	教学内容	重点、难点	学时
2	项目2：架空电力线路施工	2.9 拉线制作及安装	1. 拉线上把制作及安装； 2. 拉线下把制作及安装	重点：拉线上把的制作，拉线下把的制作； 难点：拉线下把的制作	12（整周实训）
3	项目3：架空线路的运行与维护	3.1 架空线路的运行	1. 架空线路的运行标准； 2. 架空线路的巡视检查； 3. 架空线路的运行管理； 4. 架空线路故障及其发生机理； 5. 架空线路的防护	重点：架空线路的运行标准、架空线路的巡视种类和周期及主要内容；架空线路的故障及其发生机理；架空线路的危害及防护。 难点：架空线路的故障及其发生机理；架空线路的危害及防护	6
3	项目3：架空线路的运行与维护	3.2 架空电力线路的检修与维护	1. 架空线路检修的分类； 2. 架空线路检修的内容和方法； 3. 架空线路的状态检修； 4. 架空线路的维护	重点：架空线路检修分类、内容和方法；架空线路的状态检修；架空线路的维护。 难点：架空线路检修内容及方法；架空线路状态评价	6
4	项目4：电力电缆线路	4.1 电力电缆的种类、结构及型号	1. 电力电缆的种类和结构； 2. 电力电缆的型号	重点：电力电缆的种类和结构；电力电缆的型号及载流能力。 难点：电力电缆的型号及载流能力	2
4	项目4：电力电缆线路	4.2 电力电缆的选择	1. 电缆导体材质、外护层及导体截面积的选择； 2. 选择和校验电缆线芯截面积的方法	重点：电缆导体截面面积的选择原则；选择和校验电缆线芯截面面积的方法。 难点：选择和校验电缆线芯截面面积的方法	2
4	项目4：电力电缆线路	4.3 电力电缆的敷设	1. 电力电缆的敷设方式； 2. 电力电缆的敷设施工	重点：电力电缆敷设方式的选择原则；电力电缆常用敷设施工的方法。 难点：直埋、隧道敷设施工的方法和防护措施	2
4	项目4：电力电缆线路	4.4 电力电缆的运行与维护	1. 电力电缆的运行； 2. 电力电缆线路的巡视与维护	重点：电力电缆线路巡视检查的内容；电力电缆故障产生的原因及对策。 难点：电力电缆故障产生的原因及对策	2

2.2.4 课程考核

1. 考核内容

课程考核采用过程考核和终结性考核相结合的方式。过程考核占30%，终结性考核占70%。过程考核包括考勤、课堂表现、作业和期中考试。过程考核主要考查学生的职业素质与完成实践教学项目情况，职业素质重点考查学生出勤、课堂纪律与学习态度等，通过对学生日常学习行为的检查督促，引导学生端正学习态度，养成良好的学习习惯，培养认真、严谨、守纪的职业素养。终结性考核为标准化试题的闭卷考试。

2. 考核形式（见表 2-2-6）

表 2-2-6　课程评价总表

项目	评价内容	权重	总比例	总评
终结性考核	理论期末考试	30%	60%	100%
	实践环节考核	30%		
形成性考核	职教云学习	30%	40%	
	作业	10%		

2.2.5　实施要求

1. 授课教师基本要求

（1）具备大学本科及以上学历，中级及以上职称。

（2）具有相关电力课程授课经历，并具有一定的电力线路工实践操作技能。

（3）具有高等学校教师资格证书。

2. 实践教学条件要求

（1）校内实训室要求如表 2-2-7 所示。

表 2-2-7　电力线路运行检修与施工实训室

实训室名称：电力线路工实训室 　　　　　　　　　　　　　　　　　面积要求：400 m²

序号	核心设备	数量要求	备注
1	拉线设备	4 套	1 套/组
2	耐张电杆及附件	8 套	2 套/组

（2）校外实训基地要求如表 2-2-8 所示。

表 2-2-8　电力线路运行检修与施工实训室

序号	校外实训基地名称	合作企业名称	可开展的实训项目	备注
1	中国铁路南宁局集团有限公司柳州供电段实训基地	中国铁路南宁局集团有限公司柳州供电段	认识实习、跟岗实习	紧密合作型
2	广西沿海铁路股份有限公司钦州供电段实训基地	广西沿海铁路股份有限公司钦州供电段	认识实习、跟岗实习	紧密合作型
3	南宁轨道交通集团有限责任公司供电实训基地	南宁轨道交通集团有限责任公司	认识实习、跟岗实习	紧密合作型

3. 教学方法和策略

（1）教学方法：主要采用引导教学法、实物模型教学法、工作过程导向教学法、探究式教学法等教学法。

（2）教学策略：在教学过程中，根据课程知识点的特点，对于理论知识部分的讲授主要以多媒体教学为主，根据图片和视频动画等形式将枯燥的理论知识转换为形象生动的知识，同时通过实物和部分实验将学过的理论知识应用在实践中，从而取得良好的教学效果。

4. 教材和数字化资源的选用（见表 2-2-9、表 2-2-10）

表 2-2-9　电力线路运行检修与施工课程教材选用

序号	教材名称	出版社	主编	出版日期
1	配电线路设计、施工和维护	机械工业出版社	李燕	2019.1
2	铁道供电技术专业实训项目标准化指导书	中国铁道出版社	黄绘、古志杰	2016.10

表 2-2-10　电力线路运行检修与施工课程参考教材选用

序号	教材名称	出版社	主编	出版日期
1	电力架空线路设计与施工	中国水利水电出版社	崔军朝	2011
2	配电线路基础	中国电力出版社	吴志宏	2008

2.3　"接触网运行检修与施工"课程标准

2.3.1　课程信息

1. 课程基本信息（见表 2-3-1）

表 2-3-1　课程基本信息

课程名称	接触网运行检修与施工	开课部门	铁道供电教研室	
课程代码		课程性质	专业核心课	
参考学分/学时	6.0/100	考核性质	考试	
适用专业	铁道供电技术	课程类型	理论课	
			实践课	
			理论+实践（整周）	√
			理实一体化	

2. 课程建设团队（见表 2-3-2）

表 2-3-2　课程建设团队名单

序号	姓名	工作单位	职称/职务
1	黄　×	柳州铁道职业技术学院	副教授
2	程　×	柳州铁道职业技术学院	讲师/工程师
3	古××	柳州铁道职业技术学院	助理实验师
4	杜××	柳州铁道职业技术学院	讲师

2.3.2　课程性质

1. 课程类型

本课程是铁道供电技术专业的专业核心课程。开设本课程的目的是使学生懂得有关接触网结构和铁道电气化运行的基本知识，掌握接触网的结构、装置、材料、特点及检修要求；掌握安装工艺的基本知识及工艺规程的制定，掌握接触网安装、检修的基本技能，为从事铁道电气化的运输生产技术工作打好必要的基础。

2. 课程功能定位（见表 2-3-3）

表 2-3-3　课程功能定位分析

对接的工作岗位	对接培养的职业岗位能力	对应岗位的知识点
接触网工	具有安装、施工、检修和抢修接触网的能力	接触网安装、施工、检修和抢修

2.3.3　课程目标与内容

1. 课程总目标

学生学完本课程后应达到以下要求：

（1）了解铁道电气化铁路的组成，了解接触网的结构、特点及基本要求。

（2）掌握接触网各种装置安装工艺的基本要求和特点。

（3）掌握接触网安装、检修的基本技能。

2. 课程具体目标（见表 2-3-4）

表 2-3-4　课程教学目标与内容

序号	考核指标点	知识目标	技能目标	素质目标	教学内容	教学资源
1	能识别电气化铁路各组成部分和接触网各组成部分	熟悉电气化铁路、接触网各组成部分的名称，掌握电气化铁路、接触网各组成部分的作用	能识别电气化铁路、接触网各组成部分	培养整体认知能力	电气化铁路基本组成部分，接触网的组成	课件、习题、图片、视频等

序号	考核指标点	知识目标	技能目标	素质目标	教学内容	教学资源
2	能区别各种接触悬挂	理解各种接触悬挂的特点	能识别各种接触悬挂	培养差异比较的学习能力	接触悬挂的类型	课件、习题、图片、视频等
3	能分析各供电方式的原理	掌握各供电方式的原理	能判别各种供电方式	培养学生的电路分析能力	供电方式	课件、习题、图片、视频等
4		理解各类型支柱特点和型号	能识别各支柱类型		支柱	课件、习题、图片、视频等
5		熟悉支持定位装置组成，掌握各定位方式的特点	能识别支持定位装置组成和各定位方式		支持定位装置	课件、习题、图片、视频等
6		掌握各种接触线和承力索的特点和型号，各种绝缘子、绝缘器的作用和特点	能辨清接触线和承力索，绝缘子和绝缘器	培养学生使其具有较强的劳动纪律性；较强的安全意识和责任意识；良好的团队合作精神；较强的沟通、协作和组织协调能力	线索和绝缘装置	课件、习题、图片、视频等
7	掌握接触网各结构组成、原理和检修要求	掌握两种常用的锚段关节的特点	能识别两种常用的锚段关节		锚段与锚段关节	课件、习题、图片、视频等
8		掌握中心锚结的作用和类型	能识别中心锚结的类型		中心锚结	课件、习题、图片、视频等
9		掌握吊弦、隔离开关和电连接的作用和类型	能识别吊弦、隔离开关和电连接的类型		吊弦、隔离开关和电连接	课件、习题、图片、视频等
10		掌握线岔的组成和特点，补偿装置的类型	能识别线岔的结构，补偿装置的类型		线岔和补偿装置	课件、习题、图片、视频等
11		掌握软横跨和硬横跨的组成和特点	能区分软横跨和硬横跨		软横跨和硬横跨	课件、习题、图片、视频等
12		接触网工作业安全知识	熟知接触网工作业安全知识和防护措施	具备安全意识和职业规范意识	接触网安全知识，验电接地的方法、要求及注意事项	图片、视频
13	1.具备电工作业、接触网工作业基本安全意识；2.单开线岔测量、环节吊弦制作、接触网基本参数测量等基本操作技能；3.接触网理论知识与实作技能的结合	熟知接触网基本结构，基本结构参数测量方法；熟练使用激光测量仪和测量杆测量线岔参数	能够说出接触网的基本结构和主要参数要求。能够熟练使用激光测量仪和测量杆测量参数	掌握接触网实操技能和规范；掌握仪器仪表标准与规范；具有分析归纳能力	接触网结构参数测量	图片、视频
14		熟知接触网单开线岔的基本测量步骤和方法	能够说出接触网单开线岔的基本参数、测量点和步骤	具备接触网实操技能和规范；掌握仪器仪表标准与规范；具体分析归纳能力	接触网线岔测量	图片、视频
15		熟知环节吊弦的基本参数和制作方法	能够熟练制作环节吊弦	具备基本钳工技能	环节吊弦制作	图片、视频
16		熟知隔离开关的基本操作方法	能够熟练操作接触网柱上隔离开关	具备接触网实操技能和规范	隔离开关操作	图片、视频

3. 课程教学内容（见表 2-3-5）

表 2-3-5　课程教学安排

序号	项目（模块）	任务（单元）	教学内容	重点、难点	教学方法和手段	学时
1	第 1 章：电气化铁道概述	1.1 电气化铁路基本组成	电气化铁路基本组成部分	重点：电气化铁路基本组成。 难点：电气化铁路基本组成	讲授法、启示法、案例法等	2
2	第 2 章：接触网的基本知识	2.1 接触网的组成	接触网的组成	重点：接触网基本组成。 难点：接触网基本组成	讲授法、启示法、案例法等	2
		2.2 供电方式	供电方式	重点：单边供电、双边供电、BT 供电方式、AT 供电方式。 难点：AT 供电方式	讲授法、启示法、案例法、比较法、归纳法等	4
		2.3 接触悬挂的类型	接触悬挂的类型	重点：链形悬挂的分类及特点。 难点：链形悬挂的分类及特点	讲授法、启示法、案例法、比较法、归纳法等	2
		2.4 线索	接触网线索型号意义，接触线的技术要求	重点：接触网线索型号意义，接触线的技术要求。 难点：接触线的技术要求	讲授法、启示法、案例法、比较法、归纳法等	2
		2.5 吊弦	吊弦的分类、作用、特点、要求和相关计算	重点：吊弦的分类、作用、特点、要求和相关计算。 难点：吊弦的相关计算	讲授法、启示法、案例法、比较法、归纳法等	4
		2.6 支柱	支柱分类	重点：支柱按材质、用途分类的类型特点和型号。 难点：支柱按用途分类的类型特点	讲授法、启示法、案例法、比较法、归纳法等	4
		2.7 腕臂	腕臂的结构，腕臂支柱装配的参数，中间柱装配的结构和要求	重点：腕臂的结构，中间柱装配的结构和要求。 难点：腕臂支柱装配的参数，中间柱装配的结构和要求	讲授法、启示法、案例法、比较法、归纳法等	2
		2.8 定位装置	定位装置的作用及结构、拉出值的定义和计算	重点：定位装置的作用及结构、拉出值的定义和计算。 难点：定位装置的结构、拉出值的计算	讲授法、启示法、案例法、比较法、归纳法等	4
		2.9 绝缘子	绝缘子的构造、分类和电气性能，使用及防污	重点：绝缘子的分类和电气性能。 难点：绝缘子的电气性能	讲授法、启示法、案例法、比较法、归纳法等	2
		2.10 锚段与锚段关节	锚段与锚段关节	重点：锚段、锚段关节的作用、类型和特点。 难点：锚段关节的类型和特点	讲授法、启示法、案例法、比较法、归纳法等	4
		2.11 中心锚结	中心锚结的作用、布置原则、结构、检修要求	重点：中心锚结的作用、布置原则、结构、检修要求。 难点：中心锚结的结构、检修要求	讲授法、启示法、案例法、比较法、归纳法等	2

序号	项目（模块）	任务（单元）	教学内容	重点、难点	教学方法和手段	学时
2	第2章：接触网的基本知识	2.12 补偿装置	补偿器的作用、组成、结构、b值的测量计算及调整方法	重点：补偿器的作用、组成、结构、b值的测量计算及调整方法。 难点：补偿器的结构、b值的计算	讲授法、启示法、案例法、比较法、归纳法等	4
		期中测验	通过考试检验学生对前几章内容的掌握	重点：通过考试检查学生对前几章内容的掌握。 难点：通过考试考查学生对前几章知识点相关问题的解决能力		2
		2.13 分段、分相绝缘器	分段、分相绝缘器的作用、结构	重点：分段、分相绝缘器的作用、结构。 难点：分段绝缘器的结构、电分相装置的原理	讲授法、启示法、案例法、比较法、归纳法等	4
		2.14 隔离开关	隔离开关的结构及检修标准	重点：隔离开关的作用、型号、结构、要求及检修标准。 难点：隔离开关的要求及检修标准	讲授法、启示法、案例法、比较法、归纳法等	1
		2.15 电连接	电连接的作用、形状、要求、类型	重点：电连接的作用和类型。 难点：电连接的作用和类型	讲授法、启示法、案例法、比较法、归纳法等	1
		2.16 软横跨	软横跨各线索的作用、各节点的结构及用途	重点：软横跨各线索的作用、各节点的结构及用途。 难点：各节点的结构及用途	讲授法、启示法、案例法、比较法、归纳法等	2
		2.17 硬横跨	硬横跨的结构和组成	重点、难点：硬横跨的结构和组成、技术要求	讲授法、启示法、案例法、比较法、归纳法等	2
		2.18 线岔	线岔的定义、作用和交叉线岔结构和要求	重点：线岔的定义、作用和交叉线岔结构和要求。 难点：线岔的结构和要求	讲授法、启示法、案例法、比较法、归纳法等	2
3	项目1：接触网安全知识	任务一：接触网安全知识教育	接触网基本作业安全教育	重点、难点：作业安全常识	讲授法、演示法、练习法	4
		任务二：验电和停电防护	接触网验电方法、停电防护措施	重点、难点：作验电、停电防护	讲授法、演示法、练习法	4
4	项目2：接触网结构参数测量	任务一：接触网基本结构和参数	接触网基本结构认知，参数要求	重点、难点：接触网基本结构和参数要求	讲授法、演示法、练习法	4
		任务二：接触网参数测量	激光测量仪和测量杆使用和测量方法	重点、难点：激光测量仪和测量杆使用和测量方法	讲授法、演示法、练习法	6
5	项目3：接触网线岔测量	任务一：单开线岔的结构和参数	接触网单开线岔基本结构和测量点	重点：接触网单开线岔基本结构和参数。 难点：接触网单开线岔基本结构和参数	讲授法、演示法、练习法	2

序号	项目（模块）	任务（单元）	教学内容	重点、难点	教学方法和手段	学时
5	项目3：接触网线岔测量	任务二：单开线岔测量	使用测量杆与激光测量仪测量线岔参数	重点：测量杆与激光测量仪的使用。 难点：接触网单开线岔的测量步骤与方法	讲授法、演示法、练习法	4
6	项目4：环节吊弦制作	任务一：环节吊弦制作	使用直径 4.0 mm 镀锌铁线制作 600 mm+300 mm+900 mm 规格环节吊弦	重点：环圈制作。 难点：环圈制作；用力方法	讲授法、演示法、练习法	12
7	项目5：隔离开关操作	任务一：隔离开关操作	掌握分断隔离开关的方法	重点、难点：分断隔离开关的方法	讲授法、演示法、练习法	6
8	实训考核	实训考核	实训考核	考核学生实作技能	考核	6

2.3.4　课程考核

1. 考核内容

理论闭卷+实训考核。

2. 考核形式

课程成绩=理论部分成绩×50%+实训部分成绩×50%。

（1）理论部分成绩：采用形成性考核和终结性考核相结合的方式。形成性考核包括课堂考勤、课堂表现、作业。终结性考核指期末考试。期末考试主要采用闭卷考试的形式，考核学生对接触网结构、特点和技术要求等基础知识的掌握。

（2）实训部分成绩：采用现场考核，分为终结性考核和形成性考核两部分。终结性考核成绩（实操成绩）占该部分总成绩的70%，形成性考核成绩占该部分总成绩30%。形成性考核包含考勤、平时表现、实训报告等，不提交实训报告者，本部分期评成绩直接评定为不及格。

2.3.5　实施要求

1. 授课教师基本要求

（1）具备电气化铁路接触网的专业知识。

（2）具有接触网基本操作技能。

（3）具有高等学校教师资格证书。

2. 实践教学条件要求

校内实训室如表 2-3-6、表 2-3-7 所示。

表 2-3-6　高铁接触网集中检修实训室

实训室名称：接触网集中检修实训室　　　　　　　　　　　　　　　　　面积要求：500 m²

序号	核心设备	数量要求	备注
1	DJJ-8 激光测量仪	2 台	
2	4.0 mm² 镀锌铁线	200 kg/班	
3	35 kV 绝缘手套	2 副	
4	克丝钳（L250 mm 规格）	50 把	
5	断线钳（L900 mm 规格）	4 把	
6	棘轮扳手（17-19 型）	20 把	
7	钢卷尺（5 m）	10 把	
8	隔离开关	2 台	

表 2-3-7　高铁接触网实训场

实训室名称：高铁接触网实训场　　　　　　　　　　　　　　　　　　面积要求：15 000 m²

序号	核心设备	数量要求	备注
1	克丝钳	40 把	
2	水平尺	2 把	
3	φ4.0 mm 镀锌铁线	30 kg	
4	DJJ-8 激光测量仪	1 台	
5	绝缘测量杆	2 套	
6	接触线夹（120 mm²）	4 套	
7	接触线交叉线岔	2 处	
8	绝缘手套	2 副	
9	轨距尺	2 把	
10	钢卷尺（5 m）	10 把	

3. 教学方法和策略

（1）教学方法：主要采用讲授法、比较教学法、归纳教学法、模拟教学法、现场教学法、演示法、练习法。

（2）教学策略：在教学过程中，可以采用课堂教学和现场教学相结合，比如带领学生到现场认知接触网设备，使学生能更快理解和掌握接触网结构组成。

4. 教材和数字化资源的选用（见表 2-3-8、表 2-3-9）

表 2-3-8　接触网运行检修与施工课程教材选用

序号	教材名称	出版社	主编	出版日期
1	电气化铁路接触网基础	西南交通大学出版社	黄绘	2020.1
2	电气化铁路接触网	化学工业出版社	吉鹏霄	2015.1

表 2-3-9　接触网运行检修与施工课程参考教材选用

序号	教材名称	出版社	主编	出版日期
1	基于工作过程的接触网运营与检修教程	西南交通大学出版社	张桂林	2013.2
2	接触网	中国铁道出版社	李伟	2008.2
3	接触网设备检修与维护	西南交大出版社	张灵芝	2016.8

2.4　"牵引供电系统继电保护"课程标准

2.4.1　课程信息

1. 课程基本信息（见表 2-4-1）

表 2-4-1　课程基本信息

课程名称	牵引供电系统继电保护	开课部门	铁道供电教研室	
课程代码		课程性质	专业核心课	
参考学分/学时	6.0/96	考核性质	统一考试	
适用专业	铁道供电技术	课程类型	理论课	
			实践课	
			理论+实践（整周）	√
			理实一体化	

2. 课程建设团队（见表 2-4-2）

表 2-4-2　课程建设团队名单

序号	姓名	工作单位	职称/职务
1	梁　×	柳州铁道职业技术学院	讲师
2	赵××	柳州铁道职业技术学院	讲师
3	程　×	柳州铁道职业技术学院	讲师/工程师
4	于××	柳州铁道职业技术学院	副教授/工程师

2.4.2 课程性质

1. 课程类型

"牵引供电系统继电保护"是铁道供电技术专业核心课程。本课程是随着铁道电气化的发展，为保证牵引供电系统的安全，满足电气化铁道运行安全要求不断提高，快速发展的要求而开设的一门学科。通过该课程的学习使学生掌握牵引供电系统继电保护的基本知识，培养分析、解决牵引供电系统继电保护故障的能力。

2. 课程功能定位

开设本课程的目的是使学生掌握牵引供电系统继电保护的基本结构知识，了解牵引供电系统继电保护与电力输、变电的关系；了解牵引供电系统继电保护、电气设备的运行及其保护措施，为从事牵引供电系统继电保护的、检修和试验等工作所必备的基础知识。学生学完本课程后应达到以下要求：

（1）理解牵引供电系统继电保护的基本理论知识。

（2）了解牵引供电系统继电保护的基本方案。

（3）掌握牵引供电系统继电保护方式和保护措施。

（4）了解与本课程有关的新技术、新工艺、新设备的发展情况。

具体课程功能定位如表 2-4-3 所示。

表 2-4-3　课程功能定位分析

对接的工作岗位	对接培养的职业岗位能力
变电检修工	1. 掌握继电保护基本知识，能正确分析正常、异常、故障运行状态
	2. 及时发现、处理设备缺陷和故障
	3. 二次设备的检修与维护
变配电值班员	1. 掌握继电保护基本知识，能正确分析正常、异常、故障运行状态
	2. 及时发现、处理设备缺陷和故障
继保工	1. 掌握继电保护的基本知识，能正确分析正常、异常、故障运行状态
	2. 及时发现、处理设备缺陷和故障
	3. 继电保护设备的试验、校对工作
	4. 继电保护日常运行维护与管理工作

2.4.3 课程目标与内容

1. 课程具体目标（见表 2-4-4）

表 2-4-4　课程教学目标与内容

序号	考核指标点	知识目标	技能目标	素质目标	教学内容	教学资源
1	了解继电保护的基本概念、原理、基本要求	继电保护概念、原理、基本要求	自主学习查阅相关资料的能力	培养学生职业素质和职业道德	继电保护基础知识	电子教案、课件、微课
2	互感器、电磁型继电器工作原理	理解电磁型继电器基本结构、分类、工作原理	认识继电器特性及特有参数	培养学生职业素养	继电保护基本元件及测试仪器	电子教案、课件、微课
3		掌握三段式电流保护的含义、组成及整定方法	阶段式电流保护的应用与分析	培养故障分析、处理能力	电流保护	电子教案、课件、微课
4	理解电网间电流保护、电压保护、电流方向保护原理、应用及整定计算	掌握电压保护的概念及应用方式	电压保护的实际应用	培养故障分析、处理能力	电压保护	电子教案、课件
5		了解方向继电器的工作原理、掌握电流方向保护的基本原理	掌握过电流功率方向保护90°接线方式及其工作原理	培养故障分析、处理能力	电流方向保护	电子教案、课件、微课
6	了解零序保护的概念、工作原理；掌握三段零序电流保护的工作原理及整定方法	了解零序保护的概念、零序分量滤过器的工作原理	继电保护类型与原理	培养故障分析、处理能力	中性点直接接地系统的接地保护	电子教案、课件
7		了解中性点不接地系统中单相接地故障特点及保护措施	继电保护类型与原理	培养故障分析、处理能力	中性点不接地系统的单相接地保护	电子教案、课件
8	了解距离保护概念、作用；圆形阻抗继电器特性；掌握距离保护接线方式和整定校验的方法	了解距离保护的基本概念、作用；整流型圆特性阻抗继电器工作特性	继电保护类型与原理	自主学习、分析能力	距离保护的基本概念；整流型圆特性阻抗继电器	电子教案、课件、微课
9		掌握阶段式距离保护接线方式、整定计算	继电保护类型与原理	整定分析计算能力	距离保护的接线方式和整定校验	电子教案、课件
10	了解自动重合闸的概念、基本条件、工作过程，理解供电系统保护二次回路	了解自动重合闸的意义及基本要求；掌握单侧电源线路的自动重合闸的工作原理	重合闸与继电保护之间的配合关系	岗位相关拓展学习	自动重合闸的意义与对其要求；单侧电源线路的自动重合闸	电子教案、课件、微课

续表

序号	考核指标点	知识目标	技能目标	素质目标	教学内容	教学资源
11	了解自动重合闸的概念、基本条件、工作过程,理解供电系统保护二次回路	掌握双侧电源线路自动重合闸的工作原理;了解备用电源进线和备自投装置原理	重合闸与继电保护之间的配合关系	岗位相关拓展学习	双侧电源线路的自动重合闸;备用电源进线和备用主变压器自动投入装置	电子教案、课件
12	变压器工作状态分析;采用保护配置;实际应用案例分析	了解变压器故障、不正常工作状态、应装设继电保护的类型。主保护、后备保护原理与应用	如何对变压器进行保护试验、校验	对供电系统进行故障分析、判断的能力;岗位专业素养与能力	变压器的故障及不正常工作状态	电子教案、课件
13					变压器的瓦斯保护变压器的差动保护	电子教案、课件、微课
14		掌握变压器过负荷、接地保护的原理、整定方法	变压器保护实际应用	对供电系统进行故障分析、判断的能力	变压器的电流保护	电子教案、课件、微课
15	牵引网保护的认识与分析	掌握一般牵引网双线单、双边供电时不同保护方案的整定计算方法	牵引网保护分析与整定	对供电系统进行故障分析、判断的能力	一般牵引网的保护方式和整定计算	电子教案、课件、微课
16		掌握AT供电系统保护的保护方式和整定计算方法	AT供电系统保护分析与整定	对供电系统进行故障分析、判断的能力	AT供电系统牵引网的保护方式和整定计算	电子教案、课件、微课
17	牵引供电系统继电保护技能实践	二次设备安全作业的要求、注意事项及验电接地的方法、要求及注意事项	安全作业的要求、注意事项及验电接地的方法、要求及注意事项	培养安全操作、岗位责任意识	二次设备运行与维护安全工作规程	高铁牵引综合自动屏、微机继电保护测试仪、职教云课程课程教学资源
18		二次设备端子识别与接线	二次设备端子识别与接线	对供电系统进行故障分析、判断的能力;岗位专业素养与能力	继电保护装置认知与二次设备端子识别与接线	
19		综自装置故障查看、参数整改、数据调取能力	保护设置故障分析、数据调取能力	对供电系统进行故障分析、判断的能力;岗位专业素养与能力	牵引变电所综合自动化屏故障查看与参数调整	
20		继电保护测试仪的认识与使用	学会操作微机继电保护测试仪	岗位专业素养与能力	继电保护测试仪的认识与使用	
21		微机继电保护试验及传动试验	标准化继电保护试验操作	岗位专业素养与能力	微机继电保护试验	

074

2. 课程教学内容（见表 2-4-5）

表 2-4-5　课程教学安排

序号	项目（模块）	任务（单元）	教学内容	重点、难点	教学方法和手段	学时
1	继电保护基础知识	1.1 继电保护的含义和功用 1.2 继电保护的原理概念和分类	继电保护的含义和功用； 继电保护的原理概念和分类	重点：继电保护的含义、原理、作用	讲授法、练习法	2
		1.3 对继电保护的基本要求	继电保护的基本要求	难点：继电保护的选择性、可靠性	讲授法	2
2	继电保护基本元件	2.1 互感器	电流、电压互感器原理与使用方法	重点：电压、电流互感器接线注意事项	讲授法、对比法	2
		2.2 电磁型继电器	掌握电磁继电器的结构及工作原理	重点：电流、电压、时间、信号、中间继电器的结构。 难点：电磁型继电器工作原理	讲授法、对比法	2
3	电网间电流保护、电压保护和方向电流保护	3.1 电流保护	过电流保护的组成及工作原理；过电流保护的整定及校验方法；电流速断保护的含义及整定方法；	重点：限时过电流保护的组成及工作原理；瞬时电流速断的含义和整定方法。 难点：电流保护的整定方法	讲授法、讨论法	2
		3.2 阶段式电流保护	三段式电流保护的含义及整定方法；电流保护的接线方式及其适用场合；6/10 kV 动力馈电线保护的工作原理及整定方法	重点：阶段式电流保护的组成及接线方式。 难点：阶段式电流保护的整定方法	讲授法、练习法	4
		3.2 电压保护	电压保护的概念及应用方式	重点：电压保护概念 难点：电压保护应用	讲授法、对比法	2
		3.3 电流方向保护	电流方向保护的基本原理；方向继电器的工作原理；过电流功率方向保护 90° 接线方式及其工作原理	重点：电流方向保护 90° 接线方式及其工作原理。 难点：方向继电器的工作原理	讲授法、练习法	2
4	电网的接地保护	4.1 中性点直接接地系统的接地保护	零序保护的概念、零序分量滤过器的工作原理；三段零序电流保护的工作原理及整定方法	重点：零序保护的概念、小接地系统的故障特性。 难点：三段零序电流保护的工作原理及整定方法	讲授法、练习法	2
		4.2 中性点不接地系统的单相接地保护	中性点不接地系统中单相接地故障特点及保护措施	重点：中性点不接地系统中单相接地故障特点。 难点：中性点不接地系统保护措施	讲授法、练习法、对比法	2

序号	项目（模块）	任务（单元）	教学内容	重点、难点	教学方法和手段	学时
5	电网的距离保护	5.1 距离保护的基本概念 5.2 阻抗继电器的动作特性	距离保护的基本概念、作用；阻抗继电器工作特性	重点：距离保护的概念。 难点：阻抗继电器工作原理	讲授法、练习法、	2
		5.3 阶段式距离保护的构成与运行 5.4 距离保护的接线方式	距离保护接线方式和整定校验的方法	重点、难点：三段式距离保护的整定计算	讲授法、练习法、对比法	2
6	自动重合闸与备自投装置	6.1 自动重合闸的意义与对其要求 6.2 单侧电源线路的自动重合闸	自动重合闸的意义及基本要求；掌握单侧电源线路的自动重合闸的工作原理	重点：自动重合闸概念和工作原理。 难点：三相一次重合闸工作原理	讲授法、讨论法	2
		6.3 双侧电源线路的自动重合闸 6.4 备用电源进线和备用主变压器自动投入装置	双侧电源线路自动重合闸的工作原理；备用电源进线和备用主变压器自动投入装置的原理	重点：双侧自动重合闸概念。 难点：双侧自动重合闸概念和工作原理	讲授法、练习法、对比法	2
7	变压器保护	7.1 变压器的运行状态及相应保护配置	变压器故障、不正常工作状态，应装设保护	重点：变压器故障、正常状态。 难点：应装设保护类型	讲授法、讨论法、对比法	2
		7.2 变压器瓦斯保护	方法瓦斯继电器的工作原理	重点：瓦斯保护概念。 难点：变压器瓦斯保护工作原理	讲授法、讨论法、视频教学法	2
		7.3 变压器的差动保护	变压器差动保护的基本原理、接线方式	难点：变压器差动保护的基本原理	讲授法、讨论法、对比法	2
		7.4 变压器的电流保护	变压器过电流保护的作用、要求；变压器过负荷保护的原理、整定方法；变压器接地保护原理、作用及整定	重点：变压器过流保护、过负荷保护、节点保护工作原理。 难点：变压器过流保护、过负荷保护、节点保护	案例教学法、工作过程导向教学法	4
		7.5 变压器保护综合案例	变压器常见故障的综合分析方法	重点：常见故障类型、特点。 难点：故障的分析方法	案例教学法	4
8	牵引网保护	8.1 牵引供电系统 8.2 牵引供电系统保护特点	交流牵引负荷与交流牵引网短路参数的特点；利用牵引负荷特点构成的保护的工作原理及特点	重点：交流牵引负荷与交流牵引网短路参数的特点。 难点：用牵引负荷特点构成的保护的工作原理	讲授法、讨论法、	2
		8.3 牵引供电系统保护配置	一般牵引网单线单边供电时的保护方式和整定计算方法；一般牵引网双线单边供电时两种保护方案的整定计算方法	重点：牵引网单线单边供电时的保护方式和整定计算方法。 难点：牵引网保护整定计算方法	讲授法、讨论法、	2

序号	项目（模块）	任务（单元）	教学内容	重点、难点	教学方法和手段	学时
9	牵引供电系统继电保护综合技能实践	9.1 牵引供电系统继电保护二次设备运行与维护安全工作规程	二次设备安全作业的要求、岗位工作要求、注意事项及验电接地的方法、要求及注意事项	重点：安全要求。难点：安全要求。考核点：严格执行安全规程	选择项目化教学、案例教学法	4
		9.2 继电保护装置认知与二次设备端子识别与接线	牵引供电系统综合自动化屏柜功能认知、装置模块认知、识别一、二次端子排布与编号规则，掌握按图接线方法	重点：调整方法。难点：学会看懂主接线图、绘制二次回路控制线路。考核点：看图、视图能力，找到试验测试回路与测试点	案例教学法、工作过程导向教学法	12
		9.3 牵引变电所综合自动化屏故障查看与参数调整	保护设置参数查看，故障分析、参数调整	重点：调整方法。难点：参数校验。考核点：动作与流程是否标准	项目任务驱动法、工作过程导向教学法	8
		9.4 继电保护测试仪的认识与使用	微机继电保护试验操作步骤、方法、注意事项。试验报告	重点：继电保护试验操作。难点：标准化作业操作步骤	项目任务驱动法、工作过程导向教学法	8
		9.5 微机继电保护试验	物理量保护试验及传动试验；电量保护试验及传动试验	重点：继电保护试验操作。难点：标准化作业操作步骤	案例教学法、工作过程导向教学法	16

2.4.4 课程考核

课程考核采用形成性考核（即实践操作考核 40%+职教云成绩 20%）和终结性考核相结合的方式。形成性考核占 60%，终结性考核占 40%，课程统一考试采用闭卷的形式。

2.4.5 实施要求

1．授课教师基本要求

（1）具有全日制本科以上学历，获得高校教师资格证书。

（2）具有相关的继电保护理论知识，能进行继电保护的分析、讲解，并能引导学生进行故障分析和判断的能力，最好能具备相关继电保护及二次回路现场工作经验。

2．实践教学条件要求

校内实训室要求如表 2-4-6 所示。

表 2-4-6 高铁牵引变电所实训室

实训室名称：高铁牵引变电所实训室   面积要求：120 m²

序号	核心设备	数量要求	备注
1	高铁牵引综合自动屏	1	
2	微机继电保护测试仪	4	

3. 教学方法和策略

（1）教学方法：采用项目化教学讲授法、对比法、讨论法、案例教学法、情景教学法、工作过程导向等教学法。

（2）教学策略：采用线上线下混合式教学，线上利用职教云进行教学资源的发放及学生教学情况反馈，线下面授课堂上采用多媒体教学媒介，利用PPT课件、微课、教学视频等多种手段进行讲授，课后学生通过利用教学资源库里的PPT课件、知识点微课、课后练习等方式进行巩固和拓展性学习。

4. 教材和数字化资源的选用（见表2-4-7、表2-4-8）

表 2-4-7 牵引供电系统继电保护课程教材选用

序号	教材名称	出版社	主编	出版日期
1	牵引供电系统继电保护	西南交通大学出版社	梁静	2020.4

表 2-4-8 牵引供电系统继电保护课程参考教材选用

序号	教材名称	出版社	主编	出版日期
1	铁路电力与牵引供电系统继电保护	西南交通大学出版社	谭秀炳	2017.8
2	继电保护装置运行与调试	西南交通大学出版社	常国兰	2017.3

2.5 "电气化铁路供电系统运行与管理"课程标准

2.5.1 课程信息

1. 课程基本信息（见表2-5-1）

表 2-5-1 课程基本信息

课程名称	电气化铁路供电系统运行与管理	开课部门	铁道供电教研室	
课程代码		课程性质	专业核心课	
参考学分/学时	2.0/36	考核性质	统一考试	
适用专业	铁道供电技术	课程类型	理论课	√
			实践课	
			理论+实践（整周）	
			理实一体化	

2．课程建设团队（见表 2-5-2）

表 2-5-2　课程建设团队名单

序号	姓名	工作单位	职称/职务
1	黄　×	柳州铁道职业技术学院	副教授
2	于××	柳州铁道职业技术学院	副教授/工程师
3	陈　×	柳州铁道职业技术学院	讲师

2.5.2　课程性质

1．课程类型

本课程是铁道供电技术专业必修的一门专业核心课，是学生在学习了接触网运行检修与施工、变电所运行与维护等课程，具备了接触网运行检修、变电所运行维护的专业基本操作能力的基础上，开设的一门理论课，其功能是对接铁道供电技术专业人才培养目标，面向接触网工、变电值班员等工作岗位，培养牵引供电系统综合分析能力，并为后续铁道供电综合实践课程的学习奠定基础。

2．课程功能定位（见表 2-5-3）

表 2-5-3　课程功能定位分析

对接的工作岗位	对接培养的职业岗位能力
接触网工	具有接触网故障分析能力
变电值班员	具有牵引变电所故障分析能力

2.5.3　课程目标与内容

1．课程总目标

（1）掌握牵引供电系统及接线方式、牵引变电所牵引变压器的容量计算、牵引网的阻抗、短路计算、牵引供电系统电压损失及改善牵引网电压的方法、牵引供电系统负序电流影响及计算等内容。

（2）课程的考核合格率不低于95%。

2．课程具体目标（见表 2-5-4）

表 2-5-4　课程教学目标与内容

序号	考核指标点	知识目标	技能目标	素质目标	教学内容	教学资源
1	掌握电力系统的额定电压、电力系统中性点的运行方式	掌握电力系统的构成、额定电压、电力系统中性点的运行方式。熟悉电力机车工作原理、谐波电流和功率因数	会分析电力系统接地短路	培养较强的安全意识和责任意识	电力系统、电力机车	课件、图片、视频
2	熟悉单相、三相牵引变压器、三相-两相牵引变压器的接线	熟悉单相、三相牵引变压器、三相-两相牵引变压器的接线原理和特点	能判别各牵引变压器的接线	培养差异比较的学习能力	牵引变电所	课件、图片、视频

序号	考核指标点	知识目标	技能目标	素质目标	教学内容	教学资源
3	掌握牵引变压器计算容量、校核容量和安装容量的计算	掌握列车电流、馈线电流和绕组有效电流的计算方法、牵引变压器计算容量、校核容量和安装容量的计算方法	会计算牵引变压器计算容量、校核容量和安装容量	培养较强的安全意识和责任意识	牵引变电所容量计算	课件、图片、视频
4	掌握单线牵引网等效单位阻抗计算方法	理解牵引网导线参数的确定。掌握单线牵引网等效单位阻抗计算方法	会计算单线牵引网等效单位阻抗	培养全局意识	牵引网阻抗	课件、图片、视频
5	掌握标幺值的换算、网络变换与化简的方法、电力系统三相短路、不对称短路的计算	掌握标幺值的换算、网络变换与化简的方法、电力系统三相短路的计算。理解对称分量法。掌握序网络的构成及绘制方法、不对称短路的计算。理解牵引供电系统短路的计算	会算标幺值,会网络的变换和化简,懂对称分量法,会画序网络,会算电力系统和牵引供电系统的三相短路、不对称短路	培养较强的全局意识、安全意识和责任意识	牵引供电系统短路分析计算	课件、图片、视频
6	掌握单线牵引网的电压损失计算,改善牵引网电压水平的措施	掌握单线牵引网的电压损失计算,改善牵引网电压水平的措施	会算单线牵引网的电压损失,懂改善牵引网电压水平的措施	培养举一反三的学习能力	牵引供电系统的电压损失	课件、图片、视频
7	掌握减少牵引供电系统电能损失的措施	掌握减少牵引供电系统电能损失的措施	懂减少牵引供电系统电能损失的措施	培养较强的全局意识、安全意识和责任意识	牵引供电系统的电能损失	课件、图片、视频
8	掌握减小负序电流的措施、不同联结形式牵引变电所相序换接的方法	掌握减小负序电流的措施、不同联结形式牵引变电所相序换接的方法	懂减小负序电流的措施,能根据不同联结形式牵引变电所选择相序换接的方法	培养较强的全局意识、安全意识和责任意识	电气化铁道负序电流对电力系统的影响与改善措施	课件、图片、视频

3. 课程教学内容(见表2-5-5)

表2-5-5 课程教学安排

序号	项目	单元	教学内容	重点、难点	教学方法和手段	学时
1	牵引变电所容量计算	1.1 牵引变压器计算条件 1.2 牵引变压器的计算容量 1.3 牵引变压器的校核容量 1.4 牵引变压器的安装容量	牵引变电所容量计算	重点:列车电流、馈线电流和绕组有效电流的特点和理解其计算方法,牵引变压器计算容量、校核容量和安装容量的计算。 难点:牵引变压器计算容量、校核容量和安装容量的计算。	讲授法、案例法	6
2	牵引网阻抗	2.1 牵引网等值电路及其阻抗 2.2 单线牵引网阻抗	牵引网阻抗	重点:单线牵引网等效单位阻抗计算方法。 难点:牵引网等效电路。	讲授法、图解法	4

序号	项目	单元	教学内容	重点、难点	教学方法和手段	学时
3	牵引供电系统短路分析计算	3.1 标幺值 3.2 网络的变换与化简 3.3 三相对称短路的分析计算	牵引供电系统短路分析计算	重点：标幺值的换算、网络化简的方法，由无限大电源和有限电源供电的系统三相短路的分析计算 难点：由无限大电源和有限电源供电的系统三相短路的分析计算	讲授法、图解法、案例法	6
		3.4 对称分量法及其应用 3.5 电气元件的序阻抗与序网络 3.6 不对称短路的分析计算 3.7 牵引供电系统短路的分析计算		重点：对称分量法的概念、各电气元件的序阻抗，序网络的基本概念、单相接地短路、两相短路、两相接地短路的分析计算。 难点：对称分量法的概念、单相接地短路、两相短路、两相接地短路的分析计算	讲授法、图解法	8
4	牵引供电系统的电压损失	4.1 牵引网的电压损失 4.2 牵引变压器的电压损失 4.3 改善牵引网电压水平的措施	牵引供电系统的电压损失	重点：电压损失和牵引网当量阻抗的概念、牵引网的电压损失计算、牵引变压器的电压损失计算、改善牵引网电压水平的措施。 难点：牵引网当量阻抗的概念、牵引网的电压损失计算、牵引供电系统的电压损失计算、改善牵引网电压水平的措施	讲授法、图解法、案例法	4
5	牵引供电系统的电能损失	5.1 牵引网的电能损失 5.2 牵引变压器的电能损失 5.3 减少牵引供电系统电能损失的措施	牵引供电系统的电能损失	重点：减少牵引供电系统电能损失的措施。 难点：减少牵引供电系统电能损失的措施	讲授法	2
6	电气化铁道负序电流对电力系统的影响与改善措施	6.1 负序电流影响 6.2 减小负序电流的措施	电气化铁道负序电流对电力系统的影响与改善措施	重点：负序电流对电力系统的影响、减小负序电流的措施、不同联结形式牵引变电所相序换接的方法。 难点：减小负序电流的措施、不同联结形式牵引变电所相序换接的方法	讲授法、图解法、类比法	4
7	实践	现场教学	认知牵引供电系统各组成结构	认知接触网各组成结构、牵引变电所设备及模拟巡视，仿真模拟牵引变电所正常和事故状态操作	现场教学法	2

2.5.4 课程考核

1. 考核内容

采用闭卷考试的方式。

2. 考核形式

课程考核采用形成性考核(即过程考核)和终结性考核相结合的方式,原则上形成性考核占60%,终结性考核占40%。形成性考核可包括但不仅限于课堂考勤、课堂表现、作业。终结性考核一般指期末考试。

2.5.5 实施要求

1. 授课教师基本要求

(1)具备牵引供电系统运行的相关专业知识。

(2)具有高等学校教师资格证书。

2. 实践教学条件要求

校内实训室要求如表2-5-6所示。

表2-5-6 牵引供电系统模拟沙盘实训室

实训室名称:牵引供电系统模拟沙盘实训室　　　　　　　　　　　面积要求:100 m²

序号	核心设备	数量要求	备注
1	牵引供电系统模拟沙盘	1	

3. 教学方法和策略

(1)教学方法:主要采用讲授教学法、比较教学法、案例教学法等。

(2)教学策略:在教学过程中,可选择采用网络教学平台实现混合式教学;也可以采用线下教学,采用讲授和练习相结合,比如短路分析计算练习,能使学生在练习过程中归纳内容和思考解决方法。

4. 教材和数字化资源的选用(见表2-5-7、表2-5-8)

表2-5-7 电气化铁路供电系统运行与管理课程教材选用

序号	教材名称	出版社	主编	出版日期
1	电气化铁道供电系统	中国铁道出版社	李鲁华	2011
2	交流电气化铁道牵引供电系统	西南交大出版社	谭秀炳	2009.6

表2-5-8 电气化铁路供电系统运行与管理课程参考教材选用

序号	教材名称	出版社	主编	出版日期
1	电气化铁道供电系统	中国铁道出版社	杨玉菲	2007
2	牵引供电系统及运行	北京交通大学出版社	李志慧	2017

(1)课程内容较多,课时太少,学生学习有一定难度。

(2)改进措施:一是增加课时,二是对课程内容进一步提炼压缩。

(3)采用网络教学平台实现混合式教学,可以增加教学信息量,增强学生自学能力。

2.6 "牵引供电规程与规则"课程标准

2.6.1 课程信息

1. 课程基本信息（见表 2-6-1）

表 2-6-1 课程基本信息表

课程名称	牵引供电规程与规则	开课部门	铁道供电教研室	
课程代码		课程性质	专业核心课	
参考学分/学时	2.5	考核性质	考试	
适用专业	铁道供电技术	课程类型	理论课	√
			实践课	
			理论+实践（整周）	
			理实一体化	

2. 课程建设团队（见表 2-6-2）

表 2-6-2 课程建设团队名单

序号	姓名	工作单位	职称/职务
1	古××	动力技术学院	助理实验师
2	程　×	动力技术学院	讲师/工程师
3	吕××	动力技术学院	讲师/工程师
4	黄　×	动力技术学院	副教授
5	侯××	动力技术学院	教授级高工
6	方　×	动力技术学院	讲师/工程师
7	杜××	动力技术学院	讲师
8	周××	动力技术学院	助教

2.6.2 课程性质

1. 课程基本信息

本课程是铁道供电技术专业的专业核心课程，重点讲述牵引供电系统接触网和牵引变电所的安全工作规程以及运行检修规程的相关内容，使学生熟悉供变电现场工作制度和作业规范，确保岗位工作的安全性和检修工作的标准化；使学生具备本专业必需的接触网和牵引变电所检修作业安全及检修作业程序的基本知识和基本技能，培养学生"安全第一、预防为主"的安全意识，初步具备安全作业的能力。

2. 课程功能定位（见表 2-6-3）

表 2-6-3　课程功能定位分析

对接的工作岗位	对接培养的职业岗位能力	对应岗位的知识点
接触网工	1. 掌握接触网运行检修规程的适用范围及意义	接触网安全工作规程
	2. 接触网运行检修规程的各种规定	接触网运行检修规程
	3. 掌握接触网设备检测的相关规定	
	4. 掌握接触线及承力索等装置的维修技术标准	
	5. 掌握受电弓动态包络线等装置的维修技术标准	
	6. 掌握接触悬挂、平面布置、线材和部件、绝缘、防雷等设备的大修标准	
变电站值员	1. 掌握牵引变电所安全工作规程的适用范围及意义	牵引变电所安全工作规程
	2. 掌握牵引变电所安全工作规程的一般规定	
	3. 掌握远离带电作业、低压设备作业、二次回上作业的相关规定	牵引变电所运行检修规程
	4. 掌握牵引变电所值班、巡视、倒闸的安全规定	
	5. 掌握牵引变电所工作票的种类及使用方法	
	6. 掌握高压设备停电、带电作业的相关规定	
变电设备检修工	1. 掌握牵引变电所电气设备运行和检修工作中管理、负责、交接验收的相关规定	牵引变电所运行检修规程
	2. 掌握修程分类、检修计划、检查验收等规定	
	3. 掌握电气设备试验的相关规定	
	4. 掌握电气设备抢修作业的种类；抢修作业的相关规定	
	5. 掌握变压器等设备的检修范围和标准	

2.6.3　课程目标与内容

1. 课程总目标

熟悉供电系统的接触网和牵引变电所的安全工作规程和运行检修规程，以便于他们在实际工作中实施执行，以保证生产、运行的安全性、确保设备技术检修的质量；同时使学生具备接触网现场安全生产运行和检修的基本素质，具备变电所现场安全生产运行和检修的基本素质，具备接触网和牵引变电所运行和检修的基本从业资格。

2. 课程具体目标（见表2-6-4）

表2-6-4　课程教学目标与内容

序号	考核指标点	知识目标	技能目标	素质目标	教学内容	教学资源
1	1.1 掌握牵引供电系统工作规章	牵引供电系统工作规章意义	熟悉和掌握牵引供电从作业者必备的基本专业素质	安全为本，保障生产	牵引供电系统工作规章概述	国家铁道供电技术专业资源库在线课、题库、PPT
2	1.2 了解规程与规则的法律依据	规程与规则的法律依据	熟悉和掌握电气化铁道供电技术的规章制度	遵章守纪，防止安全事故	牵引供电系统规程与规则	
3	2.1 了解我国电气化铁路的常规管理模式	电气化铁路的常规管理模式	熟悉电气化铁路的常规管理模式	统一领导、分级管理	接触网安全工作规程：常规管理模式	
4	2.2 掌握接触网安全工作一般规定	接触网运行和检修人员必备条件	熟悉接触网运行和检修人员必备条件	安全等级制度	接触网安全工作规程：一般规定	
5	2.3 了解接触网检修作业的分类；了解工作票填写的要求、作业人员的职责	作业分类；工作票种类	掌握工作票的类型；熟悉工作票的格式及应用；熟悉注意事项	作业模式；提高安全意识	接触网安全工作规程：作业制度	
6	2.4 掌握接触网受力工具和绝缘工具使用的相关规定	受力工具的管理；绝缘工具管理	受力工具的使用；绝缘工具的使用	掌握工具的保管与使用	接触网安全工作规程：受力工具和绝缘工具	国家铁道供电技术专业资源库在线课、题库、PPT
7	2.5 掌握接触网高空作业的相关规程	熟悉高空作业规定	掌握高空作业方式	提高安全意识	接触网安全工作规程：高空作业	
8	2.6 掌握接触网停电作业的相关规程	熟悉停电作业的相关规定	掌握停电作业"天窗"方式	遵守停电作业程序，保证作业安全	接触网安全工作规程：停电作业	
9	2.7 掌握接触网间接带电作业的相关规定	熟悉间接带电作业的相关规定	掌握间接带电作业程序	遵守间接带电作业程序，做好安全技术措施	接触网安全工作规程：间接带电作业	
10	2.8 掌握接触网倒闸作业的相关规定	熟悉倒闸作业的相关规定	掌握倒闸作业程序	服从倒闸作业命令，遵守倒闸作业程序，做好安全技术措施	接触网安全工作规程：倒闸作业	
11	2.9 掌握接触网作业区防护的相关规定	熟悉作业区防护的相关规定	掌握作业区防护的要求	增强防护人员安全责任心	接触网安全工作规程：作业区防护	
12	3.1 了解接触网运行检修规程的适用范围及意义	熟悉接触网运行检修规程	掌握管理细则	树立预防为主、修养并重思想	接触网运行检修规程：总则	国家铁道供电技术专业资源库在线课、题库、PPT
13	3.2 了解接触网运行检修规程的各种规定；了解接触网上安装产品试运行时的相关规定	熟悉接触网运行检修与管理；熟悉新产品试运行相关规定	掌握接管和运行；掌握新产品试运行相关程序	遵守统一领导、分级管理原则；增强新技术、新工艺应用	接触网运行检修规程：运行与管理	

序号	考核指标点	知识目标	技能目标	素质目标	教学内容	教学资源
14	3.3 了解接触网设备检测的相关规定；掌握接触网质量鉴定的相关规定	掌握接触网设备检测项目	熟悉接触网设备检测等级	树立预防为主思想	接触网运行检修规程：设备监测和质量鉴定	国家铁道供电技术专业资源库在线课、题库、PPT
15	3.4 掌握接触网维修、大修的概念及适用故障情况；了解检修的具体实施方法及相关规程	掌握接触网维修、大修的概念	熟悉检修计划及实施	提高检修能力	接触网运行检修规程：检修	
16	3.5 掌握接触线及承力索等装置的维修技术标准	掌握接触线、承力索维修技术标准	掌握接触线和承力索维修方法	减少摩擦硬点，提高受电质量	接触网运行检修规程：接触网维修技术标准（一）	
17	3.6 掌握受电弓动态包络线等装置的维修技术标准	了解受电弓动态包络线	掌握受电弓动态规定	降低振动和摆动，保证运输安全	接触网运行检修规程：接触网维修技术标准（二）	
18	4.1 了解牵引变电所安全工作规程的适用范围及意义	熟悉牵引变电所安全工作规程的适用范围及意义	熟悉牵引变电所安全工作规程	确保人身安全、设备安全和行车安全	牵引变电所安全工作规程：总则	国家铁道供电技术专业资源库在线课、题库、PPT
19	4.2 了解牵引变电所安全工作规程的一般规定	熟悉牵引变电所运行和检修人员必备条件	掌握牵引变电所安全工作规程	安全等级制度	牵引变电所安全工作规程：一般规定	
20	4.3 掌握牵引变电所值班、巡视、倒闸的安全规定	值班、巡视、倒闸的安全规定	熟悉牵引变电所值班、巡视、倒闸的安全规定	履行职责，坚守岗位确，保安全	牵引变电所安全工作规程：运行	
21	4.4 了解电气设备抢修作业的种类 掌握牵引变电所工作票的种类及使用方法	作业分类，工作票种类，作业人员的职责，准许作业规定，安全监护作业间断和结束工作票	掌握办理工作票的程序	严格执行工作责任制	牵引变电所安全工作规程：检修作业制度	
22	4.5 掌握高压设备停电、带电作业的相关规定	熟悉停电范围，作业命令的办理，验电接地，标示牌和防护栅，消除作业命令	掌握停电、验电接地程序	提高安全意识，保持与带电体的安全距离	牵引变电所安全工作规程：高压设备停电作业	
23	4.6 掌握高压设备停电、带电作业的相关规定	熟悉作业分类，命令程序，安全距离，绝缘工具，安全规定	掌握安全距离，掌握绝缘工具的使用	严格执行命令程序，认真落实安全措施	牵引变电所安全工作规程：高压设备带电作业	

序号	考核指标点	知识目标	技能目标	素质目标	教学内容	教学资源
24	4.7 了解远离带电作业、低压设备作业、二次回路上作业的相关规定	熟悉远离带电部分的作业，低压设备上的作业，二次回路上作业	掌握二次回路电流、电压互感器检修方法及要求	强化二次回路安全意识	牵引变电所安全工作规程：其他作业	
25	4.8 了解接触网设备试验和测量的相关规定	熟悉高压试验，测量工作	掌握高压试验规定，掌握测量仪表的使用	培养良好安全意识和认真细致的工作作风	牵引变电所安全工作规程：试验和测量	
26	5.1 了解牵引变电所运行检修规程的适用范围及意义	熟悉牵引变电所运行检修规程的适用范围	安全可靠，修养并重，预防为主	建立各级岗位责任制	牵引变电所运行检修规程：总则	
27	5.2 了解牵引变电所电气设备运行和检修工作中管理与责任的相关规定	熟悉规范管理，分级负责	掌握规范管理，分级负责原则	树立全局意识，全路一盘棋的思想	牵引变电所运行检修规程：规范管理分级负责	国家铁道供电技术专业资源库在线课、题库、PPT
28	5.3 了解牵引变电所电气设备运行和检修工作中交接验收的相关规定	熟悉值班，倒闸，巡视，设备运行	掌握变压器、断路器、电容器、母线、隔离开关巡视要求	培养认真细致，工作负责的观念	牵引变电所运行检修规程：交接验收	

3. 课程教学安排（见表 2-6-5）

表 2-6-5　课程教学安排

序号	项目（模块）	任务（单元）	教学内容	重点、难点	教学方法和手段	学时
1	第1章：绪论	1.1 牵引供电系统工作规章概述	牵引供电规章的意义	重点：安全为本。难点：规章制度与生产关系。考核点：牢固树立安全第一思想	讲授法、案例法	1
		1.2 牵引供电系统规程与规则	1. 电气化铁道相关规章制度；2. 供电技术管理规章制度	重点：相关管理规章制度。难点：供电技术管理规章制度。考核点：规章制度的组成	讲授法、案例法	1
2	第2章：接触网安全工作规程	2.1 接触网安全工作规程：常规管理模式	1. 接触网安全工作规程的总则；2. 我国电气化铁路的常规模式	重点：岗位责任制。难点：施工不行车，行车不施工。考核点：安全工作规程的意义	讲授法、案例法	1
		2.2 接触网安全工作规程：一般规定	一般规定	重点：带电设备。难点：安全等级制度。考核点：作业人员必备条件	讲授法、案例法	1

序号	项目（模块）	任务（单元）	教学内容	重点、难点	教学方法和手段	学时
2	第2章：接触网安全工作规程	2.3 接触网安全工作规程：作业制度	1. 接触网检修作业的种类； 2. 工作票的类型、工作票的填写要求、格式、使用方法及注意事项	重点：作业分类。 难点：工作票的填写要求、格式使用方法及注意事项。 考核点：作业的种类与工作票的类型、格式	讲授法、演示法	3
		2.4 接触网安全工作规程：受力工具和绝缘工具	1. 受力工具使用的相关规定； 2. 绝缘工具使用的相关规定	重点：管理规定。 难点：试验标准。 考核点：需要进行试验的绝缘工具	讲授法、练习法	1
		2.5 接触网安全工作规程：高空作业	相关高空作业的规程	重点：高空作业的一般规定。 难点：检修作业车作业。 考核点：高空作业与监护	讲授法、案例法	2
		2.6 接触网安全工作规程：停电作业	1. 停电作业的一般规定； 2. 验电接地 3. V形天窗作业	重点：一般规定。 难点：V形天窗作业。 考核点：验电接地	讲授法、案例法、演示法	2
		2.7 接触网安全工作规程：间接带电作业	1. 一般规定； 2. 命令程序； 3. 作业结束； 4. 安全技术措施	重点：安全技术措施。 难点：命令程序。 考核点：间接带电作业的一般规定	讲授法、案例法	1
		2.8 接触网安全工作规程：倒闸作业	倒闸作业	重点：倒闸作业人员必备条件。 难点：倒闸作业操作程序。 考核点：倒闸作业顺序	讲授法、案例法	0.5
		2.9 接触网安全工作规程：作业区防护	作业区防护	重点：现场设置防护人员的要求。 难点：不同线路、不同限速的防护要求。 考核点：行车防护人员的职责	讲授法、案例法	0.5
3	第3章：接触网运行检修规程：	3.1 接触网运行检修规程：总则	1. 接触网运行检修规程的适用范围及意义； 2. 方针、原则、方式、手段	重点：适用范围及意义。 难点：预防为主、修养并重。 考核点：接触网运行检修的方针、原则、方式、手段	讲授法、案例法	1
		3.2 接触网运行检修规程：运行与管理	接触网接管和运行	重点：统一领导和分级管理。 难点：接管和运行。 考核点：铁道线路标准线的标注要求	讲授法、案例法	1
		3.3 接触网运行检修规程：设备监测和质量鉴定	1. 接触网质量鉴定 2. 接触网设备检测的相关规定	重点：设备监测。 难点：质量鉴定。 考核点：接触网动态检测项目	讲授法、案例法	2

序号	项目（模块）	任务（单元）	教学内容	重点、难点	教学方法和手段	学时
3	第3章：接触网运行检修规程：	3.4 接触网运行检修规程：检修	1. 接触网维修、大修的概念； 2. 检修的具体实施方法	重点：接触网维修、大修的概念。 难点：具体实施。 考核点："天窗"检修的目的和要求	讲授法、练习法	2
		3.5.1 接触网运行检修规程：接触网维修技术标准（一）	1. 接触线及承力索； 2. 吊弦	重点：技术状态。 难点：技术要求。 考核点：技术标准掌握	讲授法、案例法	2
		接触网运行检修规程：接触网维修技术标准（二）	1. 受电弓动态包络线； 2. 补偿装置	重点：技术状态。 难点：技术要求。 考核点：技术标准掌握	讲授法、案例法	2
4	第4章：牵引变电所安全工作规程	4.1 牵引变电所安全工作规程：总则	牵引变电所安全工作规程	重点：岗位责任制。 难点：制定细则。 考核点：安全工作规程的意义	讲授法	0.5
		4.2 牵引变电所安全工作规程：一般规定	牵引变电所安全工作规程的一般规定	重点：安全制度。 难点：安全制度落实。 考核点：安全规章的了解与认识	讲授法	0.5
		4.3 牵引变电所安全工作规程：运行	牵引变电所值班、巡视、倒闸的安全规定	重点：值班、巡视。 难点：倒闸。 考核点：值班制度与职责	讲授法、案例法、演示法	1
		4.4 牵引变电所安全工作规程：检修作业制度	牵引变电所工作票的种类及相关规定	重点：作业分类。 难点：工作票。 考核点：办理工作票的程序	讲授法、演示法	2
		4.5 牵引变电所安全工作规程：高压设备停电作业	高压设备停电作业	重点：停电范围；作业命令的办理。 难点：验电接地。 考核点：验电接地的程序	讲授法、案例法	1
		4.6 牵引变电所安全工作规程：高压设备带电作业	高压设备带电作业	重点：作业分类；安全距离；安全规定。 难点：绝缘工具。 考核点：绝缘工具的安全使用距离	讲授法、案例法	1
		4.7 牵引变电所安全工作规程：其他作业	低压设备上的作业；二次回路上作业	重点：低压设备上的作业。 难点：二次回路上作业。 考核点：二次回路工作要求	讲授法	1
		4.8 牵引变电所安全工作规程：试验和测量	电气设备高压试验、测量工作	重点：高压试验。 难点：测量工作。 考核点：测量仪表的正确使用	讲授法	1

序号	项目（模块）	任务（单元）	教学内容	重点、难点	教学方法和手段	学时
5	第5章：牵引变电所运行检修规程（选学）	5.1 牵引变电所运行检修规程：总则	牵引变电所运行检修规程的适用范围及意义	重点：适用范围及意义。 难点：预防为主、修养并重。 考核点：运行检修的方针、原则、手段	讲授法、案例法	1
		5.2 牵引变电所运行检修规程：规范管理　分级负责	牵引变电所电气设备运行和检修工作中管理、负责的相关规定	重点：规范管理。 难点：分级负责。 考核点：岗位责任制	讲授法	1
		5.3 牵引变电所运行检修规程：交接验收	牵引变电所电气设备运行和检修工作中交接验收的相关规定	重点：交接制度。 难点：验收。 考核点：交接工作	讲授法、演示法	2
		5.4 牵引变电所运行检修规程：修制、检修范围和标准	牵引变电所电气设备运行和检修工作中检修范围和标准的相关规定	重点：一般规定。 难点：变压器、断路器检修的掌握。 考核点：变压器、断路器检修	讲授法、案例法	2
		5.5 牵引变电所运行检修规程：试验	牵引变电所电气设备试验的相关规定	重点：试验的周期和技术要求。 难点：试验的周期和技术要求。 考核点：试验的周期和技术要求	讲授法、案例法	2

注：每个任务（单元）最多不超过12学时。

2.6.4　课程考核

1. 考核方式

采用闭卷考核方式。

2. 评价方式

课程考核采用形成性考核（即过程考核）和终结性考核相结合的方式，原则上形成性考核占60%（每次作业占比10%，共5次作业；平时成绩占比10%），终结性考核占40%。形成性考核可包括课堂考勤、课堂表现、作业/单元测验等。终结性考核指期末考试。

2.6.5　实施要求

1. 授课教师基本要求

本课程授课教师具备接触网、高压电器、牵引供电操作基本技能，有企业接触网、高压电器、牵引供电操作经验或授课前经过专门的基本操作技能训练，不少于6个月的企业挂职或工作经历，具有高等学校教师资格。

2. 实践教学条件要求

校内实训室要求如表2-6-6所示。

表 2-6-6　牵引供电规程与规则课程实训室

实训室名称：接触网集中检修实训室　　　　　　　　　　　　　　　面积要求：500 m²

序号	核心设备	数量要求	备注
1	矮化式接触网	6 跨（五组腕臂）	
2	菱形分段绝缘器	2	
3	隔离开关	2	

实训室名称：高铁牵引变电实训室　　　　　　　　　　　　　　　　面积要求：300 m²

序号	核心设备	数量要求	备注
1	高压断路器	2 台	
2	高压隔离开关	4 台	
3	电压互感器	1 台	
4	电流互感器	2 台	
5	变压器	5 台	

实训室名称：接触网实训场　　　　　　　　　　　　　　　　　　　面积要求：1 950 m²

序号	核心设备	数量要求	备注
1	软横跨接触网结构	一组 5 节点	
2	硬横跨接触网结构	四组	
3	六跨绝缘锚段关节	一组	
4	终端补偿装置	四组	
5	承力索中心锚节	一组	
6	接触线中心锚节	一组	
7	菱形绝缘分段器	二组	
8	绝缘平腕臂	二十组	

3. 教学方法和策略

（1）教学方法：本课程根据行业情况及学生对专业知识掌握程度，结合教学内容的特征，选择案例教学法、情景教学法等教学法。

（2）教学策略：采用网络教学平台实现混合式教学，资源上主要引进铁道供电技术专业教学资源库中《牵引供电规定与规程》课程作为本课程的线上资源；同时依据铁路总公司发布的安规、检规的相关试题作为题库，由任课教师建立在线学习题库和资源，通过学生自学和单元测试（或作业）形式进行学习过程测试，使学生能够及时掌握和理解相关的规程规定。

4. 教材和数字化资源的选用（见表 2.6.7~表 2.6.9）

表 2-6-7 牵引供电规程与规则课程教材选用

序号	教材名称	出版社	主编	出版日期
1	牵引供电规程与规则	中国铁道出版社	马玲	2017.1
......				

表 2-6-8 牵引供电规程与规则课程参考教材选用

序号	教材名称	出版社	主编	出版日期
1	普速铁路接触网安全工作规程 普速铁路接触网运行检修规程	中国铁道出版社	中国铁路总公司	2019.11

表 2-6-9 牵引供电规程与规则课程数字化资源选用

序号	数字化资源名称	类型	数量	是否原创	备注
1.	https://zjy2.icve.com.cn/design/process/edit.html?courseOpenId=c0azag6rr6djttpmnnq8tq	资源库	80	否	铁道供电技术专业教学资源库
......					

3 专业主干课

3.1 "电机与电气控制技术"课程标准

3.1.1 课程信息

1. 课程基本信息（见表 3-1-1）

表 3-1-1 课程基本信息

课程名称	电机与电气控制技术	开课部门	铁道供电教研室	
课程代码		课程性质	专业主干课	
参考学分/学时	3.0/48	考核性质	考试	
适用专业	铁道供电技术	课程类型	理论课	√
			实践课	
			理论+实践（整周）	
			理实一体化	

2. 课程建设团队（见表 3-1-2）

表 3-1-2 课程建设团队名单（如有企业人员参加，请写入）

序号	姓名	工作单位	职称/职务
1	程　×	柳州铁道职业技术学院	讲师/工程师
2	吕××	柳州铁道职业技术学院	讲师/工程师
3	张××	柳州铁道职业技术学院	副教授
4	赵××	柳州铁道职业技术学院	讲师
5	杜××	柳州铁道职业技术学院	讲师

3.1.2 课程性质

1. 课程类型

本课程是铁道供电技术专业必修的一门专业主干课，是学生在学习了电工电子基础课程，具备了基本电学知识和分析能力的基础上，开设的一门理论课。其功能是对接铁道供电技术专业人才培养目标，面向铁道供电类技术工作岗位，培养学生具备电机技术与电气控制技术的基础知识和基本技能，具备低压操作安全知识，具备电动机、变压器、电气控制环节的维护及故障分析的能力，并为后续牵引供电系统继电保护、变电所运行与维护等课程的学习奠定理论基础。

2. 课程功能定位（见表3-1-3）

表3-1-3 课程功能定位分析

对接的工作岗位	对接培养的职业岗位能力	对应岗位的知识点
变配电值班员	1. 具备基本电气原理图识图能力	1. 电气控制线路； 2. 低压电器
	2. 能够根据电气控制原理图进行线路工作原理、故障分析与排查	1. 电气控制线路； 2. 低压电器
	3. 具备变压器基本工作原理和故障分析能力	1. 电气控制线路； 2. 低压电器
	4. 能够正确使用电工仪表、工具	低压电器
	5. 具备常用低压电器故障排查能力	低压电器
	6. 具备电工作业基本安全知识和意识	1. 电气控制线路； 2. 变压器、电动机
继电保护工	1. 具备基本电气原理图识图能力	1. 电气控制线路； 2. 低压电器
	2. 能够根据电气原理图进行线路原理分析与故障排查	1. 电气控制线路； 2. 低压电器
	3. 具备常用低压电器原理和故障排查能力	1. 电气控制线路； 2. 低压电器
	4. 能够正确使用电工仪表、工具	低压电器
	5. 具备电工作业基本安全知识和意识	1. 电气控制线路； 2. 变压器、电动机
电力线路工	1. 具备基本电气原理图识图能力	1. 电气控制线路； 2. 低压电器
	2. 能够根据电气图进行线路原理与故障原因分析	1. 电气控制线路； 2. 低压电器
	3. 具备常用低压电器原理和故障排查能力	1. 电气控制线路； 2. 低压电器
	4. 能够正确使用电工仪表、工具	低压电器
	5. 具备电工作业基本安全知识和意识	1. 电气控制线路； 2. 变压器、电动机

3.1.3 课程目标与内容

1. 课程总目标

学生通过学习变压器、电动机、低压电器、电气控制技术等知识，掌握和了解常用电气设备的结构、原理和作用，常用的电气控制环节、方法，能够结合电机与电气控制的知识，根据现场的实际情况对变压器、电动机、常用的低压电器进行维护及维修，能进行典型设备的电气控制线路的结构和原理分析，具有低压电工的基础操作技能，培养自觉遵守电力行业（国家）标准、规程和规范的习惯。

2. 课程具体目标

具体表述课程的内容及学生应达到的知识目标、技能目标、素质目标，在进行目标表述时应以学生作为行为主体来表述。

表 3-1-4　课程教学目标与内容

序号	考核指标点	知识目标	技能目标	素质目标	教学内容	教学资源
1	1. 掌握变压器的基本结构、工作原理； 2. 能够判别三相变压器连接组标号； 3. 掌握自耦变压器、电压互感器和电流互感器的结构、作用及原理	掌握变压器的基本工作原理、结构、作用、额定值的含义	能说出变压器结构，能简述出基本原理和作用	分析归纳能力	变压器基本工作原理和结构	视频、图片、PPT、动画
		理解变压器空载运行时的电动势平衡方程式和电压比	能理解空载运行过程	归纳总结能力	单相变压器的空载运行	PPT
		理解变压器负载运行时的基本方程式；掌握变压器的运行特性	能简述负载运行过程和工作特性	归纳总结能力	单相变压器的负载运行	PPT
		理解三相变压器的磁路和电路系统、联结组别方式；掌握三相变压器联结组标号的判定方法	能够识别变压器连接组别方式，能够使用相量分析方法判断变压器联结组标号	知识拓展能力	三相变压器	PPT
		掌握自耦变压器的工作原理及其特点；掌握电压互感器和电流互感器的作用、工作原理及注意事项	能够说出自耦变压器工作原理，电压互感器和电流互感器的作用和注意事项	知识拓展能力，安全工作意识	其他用途变压器	视频、图片、PPT
2	1. 掌握三相异步电动机的结构、工作原理和机械特性； 2. 掌握三相异步电动机的起动、调速和制动方法	掌握三相异步电动机的基本工作原理、结构	能够说出三相异步电动机的基本结构和转动原理，能够识别和理解铭牌上的参数；能够说出转速、转差率的概念及意义	分析归纳能力，抽象能力	三相异步电动机的结构与工作原理	视频、图片、PPT、电动机实物
		理解三相异步电动机空载运行时的各物理量之间关系及电压平衡方程；理解负载运行时的各物理量之间关系及基本方程	掌握空载和负载时的物理过程，理解 s 与各物理量之间的关系	数学物理等知识实际应用能力，分析归纳能力	三相异步电动机的空载运行和负载运行	PPT

序号	考核指标点	知识目标	技能目标	素质目标	教学内容	教学资源
3	1. 掌握三相异步电动机的结构、工作原理和机械特性； 2. 掌握三相异步电动机的起动、调速和制动方法	理解机械特性曲线特点和相关特殊点；理解人为机械特性曲线、特点	能说出人为机械特性曲线的意义，说出四个特殊点	培养分析归纳能力	三相异步电动机的机械特性	PPT
		掌握三相笼型异步电动机和三相绕线转子异步电动机的起动原理	能够说出三相异步电动机的起动方法；理解使用减压启动的原因和原理	分析归纳能力	三相异步电动机的起动	PPT、视频、动画
		掌握电源反接制动、能耗制动的方法及制动原理	能够说出电源反接制动、能耗制动的方法及原理	分析归纳能力	三相异步电动机的制动	PPT
		了解三相异步电动机的调速方法	能够说出三相异步电动机的三种调速方法	知识拓展能力	三相异步电动机的调速	PPT
4	1. 掌握直流电动机的工作原理和运行特性； 2. 能够说出起动、反转、调速、制动的基本方法和原理	掌握直流电机的工作原理；掌握直流电动机的基本结构、励磁方式和铭牌参数含义	能够简述直流电动机工作原理；能够认知基本结构和铭牌信息；能够画出励磁方式接线图	分析归纳能力，知识应用能力	直流电机的基本原理与结构	视频、图片、PPT、动画
		掌握起动方法，反转措施；理解他励直流电动机的调速方法	能够说出他励直流电动机起动方法、反转措施和调速方法	分析归纳能力	他励直流电动机的起动、反转、调速	PPT
		掌握能耗制动、反接制动的原理	能够说出能耗制动、反接制动基本原理	分析归纳能力	他励直流电动机的制动	PPT
5	1. 能够说出常用低压电器的原理和作用，并能够应用到实际生产中； 2. 能够说出电磁机构的基本结构和原理	理解基本结构中的电磁机构、触头系统	能够说出电磁机构的基本结构和工作原理，触头的类别	分析归纳能力，知识应用能力	常用低压电器基本知识	视频、图片、PPT、动画、实物
		掌握接触器的结构和工作原理；掌握电气符号；了解接触器的种类和选用	能够说出接触器基本结构和工作原理，认知符号，能够实际应用	分析归纳能力，知识应用能力	电磁式接触器	视频、图片、PPT、动画、实物
		掌握电压继电器、电流继电器和中间继电器的工作原理，作用和符号	能够说出几种继电器基本结构和工作原理，认知符号，能够实际应用	分析归纳能力，知识应用能力	电磁式继电器	视频、图片、PPT、动画
		掌握时间继电器、热继电器的结构与原理，符号	能够说出时间继电器、热继电器的基本结构和原理，认知符号，能够实际应用	分析归纳能力，知识应用能力	时间继电器、热继电器	视频、图片、PPT、动画、实物
		理解熔断器、速度继电器的工作原理和作用，符号	能够说出熔断器、速度继电器的基本结构和原理，认知符号，能够实际应用	分析归纳能力，知识应用能力，安全意识	熔断器、速度继电器	视频、图片、PPT、动画、实物

序号	考核指标点	知识目标	技能目标	素质目标	教学内容	教学资源
6	1. 能够说出常用低压电器的原理和作用，并能够应用到实际生产中； 2. 能够说出电磁机构的基本结构和原理	理解低压断路器的工作原理和作用，符号	能够说出熔断器、低压断路器的基本结构和原理，认知符号，能够实际应用	分析归纳能力，知识应用能力	低压断路器	视频、图片、PPT、动画、实物
7	掌握典型的电动机控制线路结构，并能够分析线路工作原理	理解电气原理图的绘制原则	能够识读电气原理图	分析归纳能力，知识应用能力	电气控制系统图	PPT
		掌握点动、自锁、互锁基本控制电路；理解多地、顺序控制、自动往复循环控制的线路原理	熟知自锁、互锁环节，能够分析点动、连续、顺序、自动往反复控制线路原理	分析归纳能力，知识应用能力	电气控制电路基本控制规律	PPT、视频、动画
		掌握三相笼型异步电动机常用的减压起动控制的原理；掌握三相绕线转子电动机常用的起动控制的原理	能够分析三相异步电动机常用的减压起动控制的线路的工作原理	分析归纳能力，知识应用能力	三相异步电动机的起动控制	PPT、视频、动画
		掌握反接制动、能耗制动控制电路的原理	能够分析反接制动、能耗制动控制电路的原理	分析归纳能力，知识应用能力	三相异步电动机的制动控制	PPT、视频、动画
		掌握直流电动机的起动、制动、调速等控制电路的结构和保护环节	能够说出直流电动机控制电路中常用的保护环节	分析归纳能力，知识应用能力	直流电动机的电气控制	PPT、视频、动画

3. 课程教学安排（见表 3-1-5）

表 3-1-5　课程教学安排

序号	项目（模块）	任务（单元）	教学内容	重点、难点	教学方法和手段	学时
1	模块一：变压器	变压器基本工作原理和结构	1. 变压器的基本工作原理； 2. 基本结构； 3. 额定值的含义、作用	重点：变压器的工作原理、基本结构、额定值、作用。 难点：变压器的工作原理、基本结构	讲授法、图片分析法	2
		单相变压器的空载运行	1. 变压器空载运行物理过程； 2. 电动势平衡方程式和电压比	重点：空载运行时物理量过程、电动势平衡方程式和电压比。 难点：空载运行时各物理过程、电动势平衡方程式和电压比	讲授法	1

序号	项目（模块）	任务（单元）	教学内容	重点、难点	教学方法和手段	学时
1	模块一：变压器	单相变压器的负载运行	1. 变压器负载运行时的物理过程和基本方程式； 2. 变压器的运行特性	重点：变压器负载运行时的物理过程和基本方程式。 难点：变压器负载运行的物理过程、基本方程式、运行特性	讲授法、对比法	1
		三相变压器	1. 三相变压器的磁路和电路系统、联结组别； 2. 三相变压器的联结组判定方法（相量分析方法）	重点：三相变压器的电路系统和联结组别的表示方法，联结组标号的判定方法。 难点：三相变压器的电路系统；三相变压器联结组别的表示方法和判定方法	讲授法、演示法、练习法	4
		其他用途变压器	1. 自耦变压器的工作原理及其特点； 2. 电压互感器和电流互感器的作用、工作原理及使用时的注意事项	重点：自耦变压器的工作原理；电压互感器和电流互感器的工作原理。 难点：自耦变压器的工作原理	讲授法、图片分析法、对比法	2
2	模块二：三相异步电动机	三相异步电动机的结构与工作原理	1. 三相异步电动机的基本工作原理； 2. 结构	重点：三相异步电动机的基本工作原理和结构。 难点：三相异步电动机的基本工作原理	讲授法、图片分析法、对比法	4
		三相异步电动机的机械特性	1. 机械特性曲线特点和相关特殊点； 2. 人为机械特性曲线、特点	重点：机械特性特点和相关特殊点、人为机械特性曲线。 难点：人为机械特性曲线、特点	讲授法、图片分析法、引导法	2
		三相异步电动机的起动	1. 三相笼型异步电动机的起动原理； 2. 三相绕线转子异步电动机的起动原理	重点：三相笼型异步电动机的起动；三相绕线转子异步电动机的起动。 难点：三相笼型异步电动机的起动；三相绕线转子异步电动机的起动	讲授法、图片分析法、引导法	2
		三相异步电动机的制动与调速	1. 反接制动的原理； 2. 能耗制动的原理； 3. 调速方法	重点：电源反接制动；能耗制动；调速方法。 难点：倒拉反接制动；能耗制动	讲授法、图片分析法、类比法	2
3	模块三：直流电动机	直流电机的基本原理与结构	1. 直流电机的工作原理； 2. 直流电动机的基本结构、励磁方式和铭牌参数含义	重点：直流电机的工作原理、基本结构、励磁方式。 难点：直流电动机的工作原理、基本结构、励磁方式	讲授法、图片分析法、演示法	2
		他励直流电动机的起动、反转、调速	1. 起动方法； 2. 反转措施； 3. 调速方法	重点：他励直流电动机的起动、反转、调速。 难点：他励直流电动机的串电阻起动、调速	讲授法、图片分析法、引导分析法	2

序号	项目（模块）	任务（单元）	教学内容	重点、难点	教学方法和手段	学时
3		他励直流电动机的制动	1. 能耗制动； 2. 反接制动	重点：能耗制动、电枢反接制动原理。 难点：能耗制动、倒拉和发电回馈反接制动原理	讲授法、图片分析法、引导分析法	2
4	模块四：常用低压电器	常用低压电器基本知识、电磁式接触器	1. 电磁机构； 2. 触头系统； 3. 接触器的结构、工作原理、符号； 4. 接触器的作用和选用	重点：电磁机构、触头系统；接触器的结构、工作原理、符号、作用；按钮的原理。 难点：电磁机构；接触器的结构、工作原理	讲授法、图片分析法、演示法	2
		电磁式继电器	1. 电压继电器、电流继电器和中间继电器的工作原理； 2. 符号	重点：电磁式继电器的结构、工作原理、符号。 难点：电磁式继电器的结构、工作原理	讲授法、对比法、引导法	2
		常用继电器和低压断路器	1. 时间继电器、热继电器、熔断器、速度继电器的结构与工作原理； 2. 低压断路器的工作原理和作用； 3. 符号	重点：时间继电器、热继电器、熔断器、速度继电器、低压断路器的工作原理、作用及符号。 难点：时间继电器、热继电器、速度继电器、低压断路器的工作原理、符号	讲授法、图片分析法、动画演示法	4
		主令电器	掌握按钮、行程开关等主令电器的工作原理、作用、符号。	重点：按钮、行程开关的工作原理、作用、符号。 难点：行程开关的工作原理	讲授法、图片分析法、动画演示法	2
5	模块五：电气控制环节	电气控制电路基本控制规律	1. 点动和连续控制； 2. 自锁、互锁控制环节； 3. 多地、顺序、自动往复循环控制； 4. 电气原理图绘制原则	重点：点动和连续控制；自锁、互锁控制环节。 难点：自锁、互锁环节；顺序、自动往复循环基本控制规律	讲授法、图片分析法、动画演示法	4
		三相异步电动机的起动控制	1. 三相笼型异步电动机常用的减压起动控制； 2. 三相绕线转子电动机常用的起动控制	重点：三相笼型异步电动机常用的减压起动控制；三相绕线转子电动机常用的起动控制。 难点：三相笼型异步电动机常用的减压起动控制；三相绕线转子电动机常用的起动控制	讲授法、图片分析法、动画演示法	4
		三相异步电动机的制动	1. 反接制动； 2. 能耗制动	重点：反接制动、能耗制动的控制原理。 难点：反接制动、能耗制动的控制原理	讲授法、图片分析法、动画演示法	2
		直流电动机的电气控制	直流电动机的起动、制动、调速等控制电路	重点：直流电动机的电气控制保护环节。 难点：直流电动机的电气控制保护环节	讲授法、图片分析法	2

注：每个任务（单元）最多不超过 12 学时。

3.1.4 课程考核

1. 考核方式

采取闭卷考试的形式。

2. 评价方式

课程考核采用形成性考核（即过程考核）和终结性考核相结合的方式：形成性考核占 50%，终结性考核占 50%。形成性考核可包括课堂考勤、课堂表现、作业、单元测验等。终结性考核指期末考试。

3.1.5 实施要求

1. 授课教师基本要求

（1）具有电气自动化类专业教育背景，本科及以上学历。

（2）具有低压电工基本知识和技能，具有高校教师资格证书。

2. 实践教学条件要求

校内实训室要求如表 3-1-6 所示。

表 3-1-6　电工实训室

实训室名称：电工实训室　　　　　　　　　　　　　　　　　　　　面积要求：200 m²

序号	核心设备	数量要求	备注
1	三相异步电动机	20 台	
2	低压交流接触器	20 台	
3	热继电器	20 台	
4	低压断路器	20 台	
5	复合按钮	20 个	
6	电工面包板	20 块	
7	导线	若干	
8	500 V 兆欧表	20 台	

3. 教学方法和策略

（1）教学方法：主要采用的教学方法有讲授法、演示法、练习法、启发式教学法、案例教学法等方法。

（2）教学策略：在教学过程中，充分利用网络教学平台和理实一体化教学相结合，充分利用多媒体平台，能够形象生动地向学生讲解难点、重点知识，比如变压器、三相异步电动机、接触器等内容，部分采用理实一体化教学模式将学生所学理论知识应用到实际中，通过实物认知、实物展示强化学生认知程度，通过课内实验加强学生动手能力。

4. 教材和数字化资源的选用（见表 3-1-7～表 3-1-9）

表 3-1-7　电机与电气控制技术课程教材选用

序号	教材名称	出版社	主编	出版日期
1	电机与电气控制技术（第 3 版）	机械工业出版社	许翏	2020.1

表 3-1-8　电机与电气控制技术课程参考教材选用

序号	教材名称	出版社	主编	出版日期
1	电机与电气控制项目教程	机械工业出版社	张明金	2015.6
2	电机与电气控制项目式教程	北京理工大学出版社	王璐	2017.3

表 3-1-9　电机与电气控制技术课程数字化资源选用

序号	数字化资源名称	类型	数量	是否原创	备注
1	http://jpk.hbjd.com.cn/jidiandianji/index.asp	网络精品课	1	否	网络资源
2	"智慧职教"平台	职业教育数字学习中心	5	否	线上资源
3	铁道供电资源库	国家级教学资源库	1	否	线上资源

3.2　"高电压技术"课程标准

3.2.1　课程信息

1. 课程基本信息（见表 3-2-1）

表 3-2-1　课程基本信息表

课程名称	高电压技术	开课部门	铁道供电教研室	
课程代码		课程性质	专业主干课	
参考学分/学时	2.5/40	考核性质	考试	
适用专业	铁道供电技术	课程类型	理论课	√
			实践课	
			理论+实践（整周）	
			理实一体化	

2. 课程建设团队（见表 3-2-2）

表 3-2-2　课程建设团队名单

序号	姓名	工作单位	职称/职务
1	余××	柳州铁道职业技术学院	讲师
2	程　×	柳州铁道职业技术学院	讲师/工程师
3	吕××	柳州铁道职业技术学院	讲师/工程师
4	秦　×	柳州铁道职业技术学院	助教

3.2.2　课程性质

1. 课程类型

高电压技术是铁道供电技术专业的一门专业基础素质课，也是一门理论性和实践性很强的课程。本课程内容包括高电压绝缘、高电压设备绝缘试验、电力系统过电压及保护等。本课程主要目的和任务是让学生了解和掌握电气设备在高电压作用下绝缘电气性能的基本知识和高电压试验的基本技术，了解和掌握过电压的基本理论和过电压的保护措施，培养学生分析问题和解决问题的能力，使学生能运用所学知识对电力工程中的过电压事故进行分析，为以后从事电力专业及相关强电领域的工作打好必要的基本知识。

2. 课程功能定位（见表 3-2-3）

表 3-2-3　课程功能定位分析

对接的工作岗位	对接培养的职业岗位能力
变电检修员	1. 掌握常用电工仪表和工具的正确使用方法
	2. 具备较好的电气识图能力
	3. 具备一定的电路故障查找及排除能力
	4.具备较好的系统调试和试验能力

3.2.3　课程目标与内容

1. 课程总目标

本课程在使学生掌握高电压技术的过程中，按照"以应用为目的，以必须够用为度，以讲清概念，强化应用为教学重点"的原则，培养学生分析问题和解决问题的能力，使学生能运用所学知识对电力工程中的过电压事故进行分析，为以后从事电力专业及相关强电领域的工作打好必要的基本知识。

102

2. 课程具体目标（见表 3-2-4）

表 3-2-4　课程教学目标与内容

序号	毕业要求指标点	知识目标	技能目标	素质目标	教学内容
1	掌握高电压作用下气体、液体及固体绝缘电介质的极化、电导和损耗等电气特性和击穿机理	掌握：气体绝缘介质在高电压作用下逐步由电介质演变成导体的物理过程；固体和液体绝缘介质在高电压作用下逐步由电介质演变成导体的物理过程；气体介质的绝缘特性及提高方法；固体和液体介质的绝缘特性及提高方法；减少绝缘子发生污闪的对策。 理解：气体、固体、液体绝缘介质在高电压的作用下，其绝缘的内部变化过程。 了解：电气设备中常用的绝缘种类及特点；高电压冲击试验中的标准化波形	具有会做空气间隙放电试验的能力	树立电气化铁路新观念，学生对放电的认知	1. 电介质的极化、电导和损耗； 2. 气体电介质的击穿性能绝； 3. 液体个固体电介质的击穿性能
2	掌握高压电气设备绝缘预防性试验的测试原理和方法	掌握：绝缘电阻、吸收比的测量原理、接线、测量方法以及测量结果的分析判断；泄漏电流试验的原理、接线、微安表的保护、试验结果的分析判断；交流耐压试验所用的仪器和设备、接线和试验方法。 理解：绝缘电阻、吸收比的测量原理；泄漏电流试验的原理；西林电桥测量介质损耗角正切的原理。 了解：局部放电测试的基本原理；冲击耐压试验的方法	1. 能理解各种绝缘试验的原理和方法； 2. 能正确实施各种绝缘试验； 3. 能利用各种绝缘试验的结果判断绝缘的工作状态	锻炼学生一丝不苟的试验态度，形成良好的实验习惯	电气设备的绝缘试验
3	掌握雷电的相关知识以及避雷器及其他防雷设备的选用和使用	掌握：雷电的相关参数；避雷针的作用原理；避雷器的类型及其作用；阀式避雷器的类型、结构和性能特点，并熟悉其相关参数。 理解：避雷针、避雷器的作用原理；接地、接地电阻、接触电压和跨步电压的相关概念。 了解：雷电的放电过程和计算模型；接地电阻的计算	1. 能较全面地认识雷电； 2. 能确定避雷针和避雷线的保护方位； 3. 能熟识各种避雷器及其结构； 4. 能正确使用各种避雷器	使学生具备安全意识	雷电及防雷设备
4	掌握线路上雷电过电压的形成过程及防雷的基本措施	掌握：输电线路、发电厂及变电站雷电过电压的累积及其保护手段。 理解：GIS 变电站防雷保护接线的特点。 了解：感应雷电过电压形成的原理和计算；输电线路遭受直接雷电过电压的各种形式及过电压的计算	1. 能认识电力系统中雷电过电压的产生方式及其危害； 2. 正确分析和利用各种防雷保护措施；能根据实际工程中发电厂、变电所的电气主接线合理选择和配置避雷器	使学生具备安全意识	1. 输电线路的防雷保护； 2. 发电厂和变电站的防雷保护
5	掌握内部过电压的概念、类型以及各种情况下限制过电压的措施	掌握：内部过电压的概念及类型；限制分闸过电压的措施；限制切除空载变压器产生过电压的措施。 理解：电气设备内部过电压产生的机理。 了解：空载线路分闸和合闸过电压的产生原因；切除空载变压器产生过电压的措施产生原因；电弧接地过电压产生的原因；各种工频电压升高的原因；各种谐振过电压产生的原因	1. 能理解电力系统中内部过电压的产生和发展过程； 2. 能正确利用各种措施避免和抑制电力系统中的内部过电压	使学生具备安全意识	内部过电压

3. 课程教学安排（见表 3-2-5）

表 3-2-5　课程教学安排

序号	项目（模块）	任务（单元）	教学内容	重点、难点、考核点	学时
1	气体电介质的击穿特性	绪论 2.1 气隙中带电质点的产生和消失	掌握气隙中带电质点的产生和消失方式	重点：带电质点的产生方式。 难点：带电质点的产生方式。 考核点：带电质点的产生方式	2
		2.2 均匀电场中气体的击穿过程	掌握汤逊理论的机理和巴申定律、理解自持放电条件（汤逊理论）、汤逊理论和流注理论的区别要点、局部放电机理、流注的条件、了解电晕放电的效应	重点：汤逊理论要点和适用范围、巴申定律、流注理论要点和适用范围、局部放电机理。	2
		2.3 不均匀电场中气体的击穿过程		难点：汤逊理论的机理、汤逊理论和流注理论区别、局部放电机理。 考核点：气体的击穿机理	2
		2.4 雷电冲击下气体击穿电压 2.5 操作冲击下气体击穿电压	理解标准波形的含义和作用，理解击穿时间的组成以及各部分的概念，掌握伏秒特性的分析方法，以及掌握 50%击穿电压的概念和含义	重点：标准波的含义和作用。 难点：伏秒特性的分析。 考核点：伏秒特性分析，以及 50%击穿电压的概念和含义	2
		2.6 提高气体间隙击穿场强的方法 2.7 沿面放电 2.8 大气条件对外绝缘放电电压的影响	提高气体间隙击穿场强的方法，不同电场分布下的沿面放电的特性，不同场景下绝缘子沿面放电的特性，以及外界大气条件对绝缘放电的影响	重点：沿面放电特性。 难点：不同场景下绝缘子沿面放电特性。 考核点：绝缘子在雨淋、下沿面放电特性	2
2	电介质的极化、电导和损耗	1.1 电介质的极化 1.2 电介质的电导 1.3 电介质的损耗	电介质的极化、我国为何采用高压输电、电压等级规定、本课程主要目的、电介质的电导、介质损耗角正切、电介质电导与金属电导的区别、气体电离的形式	重点：电介质的极化、电导、介质损耗角正切。 难点：电介质的极化、介质损耗角正切。 考核点：电介质的电气物理特性	4
3	液体和固体电介质的击穿特性	3.1 液体的绝缘性能	液体绝缘体的电击穿、气泡击穿和悬浮粒子产生的击穿的机理、气泡击穿判断的依据、液体绝缘的作用	重点：液体绝缘体的气泡击穿、悬浮粒子产生的击穿的机理。 难点：液体绝缘体的气泡击穿、悬浮粒子产生的击穿的机理。 考核点：液体的击穿机理	2

序号	项目（模块）	任务（单元）	教学内容	重点、难点、考核点	学时
3	液体和固体电介质的击穿特性	3.2 固体的绝缘性能	固体绝缘体的电击穿和热击穿机理、绝缘劣化原因、固体绝缘的电化学击穿、固体绝缘热击穿的临界温度	重点：固体绝缘体的电击穿、热击穿的机理、绝缘劣化原因。 难点：固体绝缘体的热击穿的机理。 考核点：固体的击穿机理	2
		3.3 组合绝缘体的绝缘性能 3.4 电介质的老化	双层介质的电场分布规则、复合绝缘的气泡放电机理、复合绝缘局部放电的形式、沿面放电机理、悬挂式绝缘子串的电压分布和闪络特性、绝缘子表面污闪机理和发展过程以及预防措施	重点：双层介质的电场分布规则、沿面放电机理。 难点：双层介质的电场分布规则、复合绝缘的气泡放电机理、沿面放电机理、穿墙套管的电压分布和闪络特性、悬式绝缘子串的电压分布和闪络特性、绝缘子表面污闪机理和发展过程。 考核点：复合绝缘体放电机理	2
4	电气设备的绝缘试验	4.1 绝缘电阻和吸收比的测量 4.2 泄漏电流的测量 4.3 介质损失角正切的测量	绝缘电阻的测量，泄漏电流的试验，介质损失角正切值的测量实验的原理、操作、测量方法及注意事项	重难点：绝缘电阻的测量、泄漏电流的试验、介质损失角正切值的测量。 考核点：绝缘评估的试验方法	2
		4.4 局部放电的测量 4.5 工频耐压试验 4.6 感应耐压试验	局部放电的测量、工频耐压试验、感应耐压试验实验的原理、操作、测量方法及注意事项	重难点：局部放电的测量、工频耐压试验、感应耐压试验的测量。 考核点：绝缘评估的试验方法	2
		4.7 直流耐压试验 4.8 冲击耐压试验 4.9 绝缘状态的综合分析和判断	直流耐压试验、冲击耐压试验实验的原理、操作、测量方法及注意事项	重难点：直流耐压试验、冲击耐压试验实验的测量。 考核点：绝缘评估的试验方法	2
5	雷电及防雷设备	6.1 雷电的放电过程 6.2 雷电放电的计算模型和雷电参数 6.3 避雷针和避雷线的保护范围	雷电的相关参数；避雷针的作用原理、单支避雷针和避雷线保护范围的计算；理解避雷针、避雷器的作用原理；接地、接地电阻、接触电压和跨步电压的相关概念。了解雷电的放电过程和计算模型	重点：避雷针和避雷线保护范围的计算。 难点：雷电的放电过程和计算模型。 考核点：避雷针和避雷线保护范围的计算	2
		6.4 避雷器 6.5 接地装置	气体间隙，避雷器的保护原理、分类及结构原理、理解避雷器的两个基本要求、气体间隙中辅助间隙的作用、断路器和隔离开关基本用途	重点：气体间隙的工作原理、阀型避雷器避雷器的工作原理。 难点：气体间隙的工作原理、阀型避雷器避雷器的工作原理。 考核点：避雷器工作原理	2

序号	项目（模块）	任务（单元）	教学内容	重点、难点、考核点	学时
6	输电线路的防雷保护	7.1 输电线路的感应雷过电压 7.4 输电线路的防雷措施	输电线路的感应雷击过电压产生机理及输电线路的防雷措施	重点：感应雷过电压产生机理。 难点：感应雷击过电压产生机理。 考核点：感应雷产生原理	2
7	发电厂和变电站的防雷保护	8.1 发电厂，变电站的直击雷保护 8.6 气体绝缘变电站的防雷保护	发电厂、变电所的直击雷保护；气体绝缘变电站的防雷保护	重点：发电厂、变电所的直击雷保护。 难点：发电厂、变电所的直击雷保护。 考核点：发电厂、变电所的直击雷保护	2
8	内部过电压	9.1 空载线路分闸过电压 9.2 空载线路合闸过电压	空载线路分、合闸过电压及其限制措施	重难点：空载线路分、合闸过电压及其限制措施。 考核点：空载线路分、合闸过电压及其限制措施	2
		9.3 切除空载变压器过电压 9.4 弧光接地过电压	切除空载变压器过电压、弧光接地过电压及其限制措施	重难点：切除空载线路过电压及其限制措施。 考核点：切除空载线路过电压及其限制措施	2
9	期末测验		检查学生对高电压技术课程的掌握情况		2

注：每个任务（单元）最多不超过 12 学时。

3.2.4 课程考核

本门课程的考核由过程考核和终结性考核两个方面组成；过程考核由平时考勤、课堂回答问题、作业和期中测验的成绩综合评定。终结性考核为期末通过卷面理论考试方法评定，终结性考核主要考核学生高电压绝缘、高电压绝缘评估及试验技术、电力系统过电压保护及限制措施等内容。培养学生分析问题和解决问题的能力，使学生能运用所学知识对电力工程中的过电压事故进行分析，为以后从事电力专业及相关强电领域的工作打好必要的基本知识。

课程成绩的评定方法为终结性考核考试成绩占总成绩的 50%，过程考核成绩占总成绩的 50%（课堂回答问题占 10%，作业成绩、考勤各占 20%）。

3.2.5 实施要求

1. 授课教师基本要求

（1）具备高校教师资格证书，助教及以上职称。

（2）熟练掌握高电压理论知识。熟悉放电原理，熟悉绝缘预防性试验流程及方法。能熟悉过电压分析及预防措施，能熟练使用常用电工工具和仪表。

（3）有不少于半年的企业实践经历。

　2. 教学方法和策略

（1）教学方法：讲授法、范例法、图例法。

（2）教学策略：结合现场工作化标准，通过教师课堂讲授后布置任务，学生可独立可分组讨论完成任务。

　3. 教材和数字化资源的选用（见表3-2-6、表3-2-7）

表 3-2-6　课程教材选用

序号	教材名称	出版社	主编	出版日期
1	高电压技术（第二版）	中国水利水电出版社	刘吉来、黄瑞梅	2015.8

表 3-2-7　课程参考教材选用

序号	教材名称	出版社	主编	出版日期
1	高电压工程	西安交通大学出版社	邱毓昌	1995
2	高电压技术	中国电力出版社	张一尘	2000

3.3　"变电所综合自动化技能实训"课程标准

3.3.1　课程信息

　1. 课程基本信息（见表3-3-1）

表 3-3-1　课程基本信息

课程名称	变电所综合自动化技能实训	开课部门	铁道供电教研室	
课程代码		课程性质	专业主干课	
参考学分/学时	3.0/48	考核性质	考查	
适用专业	铁道供电技术	课程类型	理论课	
			实践课	√
			理论+实践（整周）	
			理实一体化	

2. 课程建设团队（见表 3-3-2）

表 3-3-2　课程建设团队名单

序号	姓名	工作单位	职称/职务
1	方　×	柳州铁道职业技术学院	讲师/工程师
2	古××	柳州铁道职业技术学院	技师
3	于××	柳州铁道职业技术学院	副教授/工程师
4	侯××	中国铁路南宁局集团有限公司柳州供电段	高级工程师
5	梁　×	中国铁路南宁局集团有限公司柳州供电段	首席技师
6	梁××	中国铁路南宁局集团有限公司柳州供电段	技师

3.3.2　课程性质

1. 课程简介

本课程是铁道供电技术专业必修的一门专业主干课程，通过电力远动被控站故障描述、电力远动被控站装置操作、高铁电力远动箱式变电站操作、KYN28A 柜操作等中级电力线路工基本操作项目的练习，使学生能熟练掌握电力设备的认知和基本操作技能，增强学生对"铁路电力线路运行与维护"等专业理论知识的理解，提高学生的综合动手能力，全面了解和掌握理论知识与实际情况的结合，为电气铁道技术行业的就业打下良好的专业基础。

2. 课程功能定位（见表 3-3-3）

表 3-3-3　课程功能定位分析

对接的工作岗位	对接培养的职业岗位能力
变配电值班员	1. 认识各种变电站的特征，区分其用途
	2. 各种变电站的系统结构的认知
	3. 变电站一次、二次设备的功能、结构图的识读和分析
	4. 智能变电站过程层、站控层组网方案的构架
	5. 变电站综合自动化资料的查阅能力

3.3.3　课程目标与内容

1. 课程总目标

本课程在教授学生掌握电力工相关实操知识的过程中，按照"应知应会，联系实际，开拓创新"的原则，强化学生的专业知识。

2. 课程具体目标（见表 3-3-4）

表 3-3-4　课程教学目标

序号	知识目标	技能目标	素质目标	教学内容
1	监控装置认知、检查和描述练习	1. 监控装置认知； 2. 检查并描述交直流电源； 3. 监控装置的指示灯状态描述	查阅资料能力	电力远动被控站故障描述
2	电力远动被控站操作	1. 确认监控装置的交直流电源控制开关； 2. 断电至通电时间间隔 10 s	培养学生应有的基本操作技能	电力远动被控站装置操作
3	高铁电力远动箱式变电站设备	1. 区分一级负荷贯通设备与综合负荷贯通设备； 2. 互感器放置原则； 3. GIS 柜注意事项	培养学生的分析操作能力	高铁电力远动箱式变电站操作
4	KYN28A 柜体设备	1. 真空断路器运行状态位置确认； 2. 真空断路器检修状态位置操作	培养学生的分析操作能力	KYN28A 柜操作

3. 课程教学内容（见表 3-3-5）

表 3-3-5　课程教学内容与安排

序号	项目（模块）	任务（单元）	教学内容	重点、难点、考核点	学时
1	项目 1：电力远动被控站故障描述	1.1 电力远动被控站监控装置	监控装置认知、检查和描述练习	重点： 1. 监控装置认知； 2. 检查并描述交直流电源； 3. 监控装置的指示灯状态描述。 难点：检查监控装置的异常状态	4
		1.2 网络通道设备	网络通道设备认知、检查和描述练习	重点：网络通道设备认知、检查和描述。 难点：网络通道设备的异常状态	2
		1.3 电力远动被控站故障描述	电力远动被控站故障检查和描述练习	重点：电力远动被控站故障描述。 难点：电力远动被控站故障检查	2
		1.4 电力远动被控站应急处理	电力远动被控站应急处理练习	重点：电力远动被控站指示灯辨识。 难点：电力远动被控站网络故障应急处理	2
2	项目 1：考核	电力远动被控站故障描述考核	网络通道设备检查	根据考核评分表进行考核	4
3	项目 2：电力远动被控站装置操作	2.1 重启电力远动被控站监控装置	重启电力远动被控站监控装置练习	重点：确认监控装置的交直流电源控制开关。 难点：断电至通电时间间隔 10 s	2
		2.2 重启电力远动被控站网络通道装置	重启电力远动被控站网络通道装置练习	重点：确认网络通道装置的交直流电源控制开关。 难点：断电至通电时间间隔 10 s	2

序号	项目（模块）	任务（单元）	教学内容	重点、难点、考核点	学时
3	项目2：电力远动被控站装置操作	2.3 电力远动被控站电动/手动操作	电力远动被控站操作练习	重点：电力远动被控站电动/手动操作准确。难点：设备动作后状态位置的确定	2
4	项目2：考核	电力远动被控站装置操作	重启电力远动被控站监控装置	根据考核评分表进行考核	4
5	项目3：高铁电力远动箱式变电站操作	3.1 高铁电力远动箱式变电站设备认知	高铁电力远动箱式变电站设备认知	重点：区分一级负荷贯通设备与综合负荷贯通设备。难点：1. 互感器放置原则；2. GIS柜注意事项	2
		3.2 GIS柜更换熔断器操作	1. GIS柜停电操作；2. 熔断器选择；3. GIS柜复电操作	重点：停电/复电作业程序。难点：接地刀分合闸使用逻辑	8
		3.3 二次配线操作	1. 看懂二次接线图；2. 较线、制作线号和穿线号；3. 配线工艺	重点：看懂二次接线图。难点：配线工艺	2
6	项目3：考核	高铁电力远动箱式变电站操作考核	二次配线操作	根据考核评分表进行考核	4
7	项目4：KYN28A柜操作	4.1 KYN28A柜体设备认知	KYN28A柜体设备认知	重点：区分配电所内12面屏的作用。难点：母联柜使用情境	2
		4.2 真空断路器三种状态位置操作	1. 真空断路器运行状态位置操作；2. 真空断路器试验状态位置操作；3. 真空断路器检修状态位置操作	重点：真空断路器运行状态位置确认。难点：真空断路器检修状态位置操作	4
8	项目4：考核	KYN28A柜操作考核	真空断路器试验位置操作	根据考核评分表进行考核	2

注：每个任务（单元）最多不超过12学时。

3.3.4 课程考核

（1）课程考核分为终结性考核和形成性考核。

（2）终结性考核特指实操项目考核成绩=（项目一考核成绩+项目二考核成绩+项目三考核成绩）/3，换算成系统认可的成绩为：（优100～90、良89～80、中79～70、差69～60、不及格60以下（统分中遇到小数点一律舍去）。

（3）形成性考核包括课堂考勤、课堂表现、实验报告（按优、良、中、差、不及格划分为5档）。

课程总评如表3-3-6所示。

表3-3-6 课程总评表

项目	评价内容	得分	占比	总比例	总评
终结性考核	实操项目考核		100%	50%	100%
形成性考核	课堂考勤		50%	50%	
	课堂表现		20%		
	实验报告		30%		

3.3.5　实施要求

1. 授课教师基本要求

（1）具备大学本科及以上学历、中级及以上职称。

（2）具有相关电力课程授课经历，并具有一定的电力线路工实践操作技能。

（3）具有高等学校教师资格证书。

2. 实践教学条件要求

（1）校内实训室要求如表 3-3-7 所示。

表 3-3-7　变电所综合自动化技能实训实训室

实训室名称：C2-201 高铁电力实训室　　　　　　　　　　　　　　　　面积要求：400 m²

序号	核心设备	数量要求	备注
1	KYN28A 成套设备	2 套	
2	高铁电力远动箱式变电站	1 套	

（2）校外实训基地要求如表 3-3-8 所示。

表 3-3-8　变电所综合自动化技能实训实训室

序号	校外实训基地名称	合作企业名称	可开展的实训项目	备注
1	中国铁路南宁局集团有限公司柳州供电段实训基地	中国铁路南宁局集团有限公司柳州供电段	认识实习、跟岗实习	紧密合作型
2	广西沿海铁路股份有限公司钦州供电段实训基地	广西沿海铁路股份有限公司钦州供电段	认识实习、跟岗实习	紧密合作型
3	南宁轨道交通集团有限责任公司供电实训基地	南宁轨道交通集团有限责任公司	认识实习、跟岗实习	紧密合作型

3. 教学方法和策略

（1）教学方法：根据学情分析和教学内容特征，主要选择项目化教学、翻转课堂教学法、工作过程导向教学法、探究式教学法等教学法。

（2）教学策略：主要选择理论和实作相结合的混合式教学模式，引进行业、企业专家参与教学等。

4. 教材和数字化资源的选用（见表 3-3-9）

表 3-3-9　变电所综合自动化技能实训课程参考教材选用

序号	教材名称	出版社	主编	出版日期
1	配电线路设计施工、运行与维护	中国电力出版社	李光辉、黄俊杰	2007.8
2	配电线路	中国水利水电出版社	《配电线路》编委会	2009.3
3	电力线路工	中国铁道出版社	王津生	2009.2

3.4 "电力线路工技能实训"课程标准

3.4.1 课程信息

1. 课程基本信息（见表 3-4-1）

表 3-4-1 课程基本信息

课程名称	电力线路工技能实训	开课部门	铁道供电教研室	
课程代码		课程性质	专业主干课	
参考学分/学时	6.0/96	考核性质	课内考试	
适用专业	铁道供电技术	课程类型	理论课	
			实践课	√
			理论+实践（整周）	
			理实一体化	

2. 课程建设团队（见表 3-4-2）

表 3-4-2 课程建设团队名单

序号	姓名	工作单位	职称/职务
1	方　×	柳州铁道职业技术学院	讲师/工程师
2	古××	柳州铁道职业技术学院	技师
3	陈　×	柳州铁道职业技术学院	讲师
4	于××	柳州铁道职业技术学院	副教授/工程师
5	侯××	中国铁路南宁局集团有限公司柳州供电段	高级工程师
6	梁　×	中国铁路南宁局集团有限公司柳州供电段	首席技师
7	梁××	中国铁路南宁局集团有限公司柳州供电段	技师

3.4.2 课程性质

1. 课程简介

本课程是铁道供电技术专业必修的一门主干课程，通过杆上施工、拉线制作与安装、导线绑扎、电力变压器试验、电力远动被控站故障描述、电力远动被控站装置操作、高铁电力远动箱式变电站操作、KYN28A 柜操作等中级电力线路工基本操作项目的练习，使学生能熟练掌握电力线路的基本施工方法和基本操作技能，增强学生对"电力线路运行检修与施工"等专业理论知识的理解，提高综合动手能力，全面了解和掌握理论知识与实际情况的结合，并同时使学生掌握中级电力线路工所必须具备的基本理论知识和基本实践技能，为电气铁道技术行业的就业打下良好的专业基础。

2. 课程功能定位（见表 3-4-3）

表 3-4-3　课程功能定位分析

对接的工作岗位	对接培养的职业岗位能力	对应岗位的知识点
电力工	1. 电力线路工图纸的识读	1. 图形符号的认知 2. 图纸设计标准
	2. 电力线路工工器具的使用	1. 工器具的认知 2. 工器具的使用
	3. 电力线路设备的运行、维护和检修	1. 电力设备的运行方式 2. 电力设备的维护 3. 电力设备的检修
	4. 电力线路的施工组织流程	施工组织设计
	5. 电力线路巡视	五种巡视内容

3.4.3　课程目标与内容

1. 课程总目标

本课程在教授学生掌握电力工相关实操知识的过程中，按照"应知应会，联系实际，开拓创新"的原则，强化学生必须掌握的专业知识。课程的考核合格率不低于 95%。

2. 课程具体目标（见表 3-4-4）

表 3-4-4　课程教学目标与内容

序号	知识目标	技能目标	素质目标	教学内容	教学资源
1	电力安全护具、安全工具、登高作业的器具	电力安全护具、安全工具的正确使用；登高作业的防护要求	结合有关安全和技术规程，加强学生的职业教育	杆上施工	课件、实物
2	绑扎的意义、缠绕的方法	绑线长度及制作方法；绑线缠密度及力度	培养学生应有的基本职业技能	导线绑扎	课件、实物
3	绳扣使用的场景与选择	绳扣操作	培养学生应有的基本操作技能	常用绳扣练习	课件、实物
4	拉线的组成和安装注意事项	拉线上把制作及安装；拉线下把制作及安装	培养学生的操作技能	拉线制作及安装	课件、实物
5	测量工器具、测量流程、注意事项	测量操作程序；作业工器具的正确使用	培养学生的分析能力	电力变压器绝缘电阻测量	课件、实物
6	电力远动被控站操作	确认监控装置的交直流电源控制开关；断电至通电时间间隔 10 s	培养学生应有的基本操作技能	电力远动被控站装置操作	课件、实物
7	KYN28A 柜体设备	真空断路器运行状态位置确认；真空断路器检修状态位置操作	培养学生的分析操作能力	KYN28A 柜操作	课件、实物

3．课程教学安排（见表3-4-5）

表3-4-5　课程教学安排

序号	项目（模块）	任务（单元）	教学内容	重点、难点	教学方法和手段	学时
1	项目1：杆上施工	1.1 安全知识	安全知识	重点：电气安全知识。 难点：登高安全知识	教师演示，学生分组练习	2
		1.2 安全带练习	安全带练习	重点：电力安全护具、安全工具的正确使用。 难点：登高作业的防护要求	教师演示，学生分组练习	2
		1.3 脚扣使用练习	脚扣使用练习	重点：电力安全护具、登杆工具的正确使用。 难点：登高作业的防护	教师演示，学生分组练习	4
		1.4 登杆及杆上稳定练习	登杆及杆上稳定练习	重点：电力安全护具、登杆工具的正确使用。 难点：登高作业的防护	教师演示，学生分组练习	4
		1.5 直线杆横担安装	直线杆横担安装练习	重点：直线杆横担安装。 难点： 1. 稳定性及登高作业的防护； 2. 直线横担的起吊和安装	教师演示，学生分组练习	8
2	项目1：考核			按项目考核表进行考核	教师演示，学生分组练习	4
3	项目2：导线固定绑扎	2.1 导线顶部绑扎法	导线顶部绑扎法	重点：绑线长度及制作方法。 难点：绑线缠密度及力度	教师演示，学生分组练习	4
		2.2 导线侧部绑扎法	导线侧部绑扎法	重点：绕线方式及绑线长度。 难点：绑线缠密度及力度	教师演示，学生分组练习	4
4	项目2：考核	1.导线顶部绑扎法； 2.导线侧部绑扎法		按项目考核表进行考核	教师演示，学生分组练习	4
5	项目3：常用绳扣练习	3.1 常用绳扣使用情境	常用绳扣使用情境	重点：绳扣的使用情境。 难点：绳扣正确使用	教师演示，学生分组练习	4
		3.2 常用绳扣练习	12 种绳扣的操作	重点：吊物扣的操作。 难点：紧线扣的操作	教师演示，学生分组练习	4
6	项目3考核	常用绳扣操作		按项目考核表进行考核	教师演示，学生分组练习	4
7	项目4：拉线制作及安装	4.1 拉线上把制作及安装	监控装置认知、检查和描述练习	重点： 1. 监控装置认知； 2. 检查并描述交直流电源； 3. 监控装置的指示灯状态描述。 难点：检查监控装置的异常状态	教师演示，学生分组练习	4

序号	项目（模块）	任务（单元）	教学内容	重点、难点	教学方法和手段	学时
7	项目4：拉线制作及安装	4.2 拉线下把制作及安装	网络通道设备认知、检查和描述练习	重点：网络通道设备认知、检查和描述。 难点：网络通道设备的异常状态	教师演示，学生分组练习	8
8	项目4：考核	拉线下把制作及安装		根据考核评分表进行考核	教师演示，学生分组练习	4
9	项目5：测量电力变压器绝缘电阻操作程序及工具使用	5.1 测量电力变压器绝缘电阻操作程序及工具使用	测量电力变压器绝缘电阻操作程序及工具使用练习	重点：检查劳保、安全及工器具。 难点：测量绝缘电阻时的操作流程	教师演示，学生分组练习	4
10	项目5：考核	电力变压器绝缘电阻测量		根据考核评分表进行考核	教师演示，学生分组练习	4
11	项目6：电力远动被控站监控装置重启操作	6.1 电力远动被控站监控装置停电操作	电力远动被控站监控装置停电操作练习	重点：准确确认各设备的运行状态。 难点：严格执行停电操作时的等待时长	教师演示，学生分组练习	4
11		6.2 电力远动被控站监控装置重启操作	电力远动被控站监控装置重启操作练习	重点：准确确认各设备的运行状态。 难点：严格执行停送电操作时的等待时长	教师演示，学生分组练习	4
12	项目7：KYN28A柜操作	7.1KYN28A高压柜三位置认知	KYN28A柜体设备认知	重点：真空断路器运行状态位置操作。 难点：高压柜三位置使用情境	教师演示，学生分组练习	4
12		7.2KYN28A高压柜工作位置操作	真空断路器工作状态位置操作	重点：真空断路器工作状态位置确认。 难点：真空断路器工作状态位置操作	教师演示，学生分组练习	4
12		7.3KYN28A高压柜试验位置操作	真空断路器试验状态位置操作	重点：真空断路器试验状态位置确认。 难点：真空断路器试验状态位置操作	教师演示，学生分组练习	4
12		7.4 真空断路器检修状态位置操作	真空断路器检修状态位置操作	重点：真空断路器检修状态位置确认。 难点：真空断路器检修状态位置操作	教师演示，学生分组练习	4

注：每个任务（单元）最多不超过12学时。

3.4.4 课程考核

（1）本课程采用线下考核，课程考核分为终结性考核和形成性考核。

（2）终结性考核特指实操项目，考核成绩 =（项目一考核成绩+项目二考核成绩+项目三考核成绩+项目四考核成绩+项目五考核成绩）/5。

（3）形成性考核包括课堂考勤、课堂表现、实验报告（按优、良、中、差、不及格划分5档）。

课程总评如表3-4-6所示：

表 3-4-6　课程总评表

项目	评价内容	得分	占比	总比例	总评
终结性考核	实操项目考核		100%	70%	100%
形成性考核	课堂考勤		50%	30%	
	课堂表现		20%		
	实验报告		30%		

3.4.5　实施要求

1. 授课教师基本要求

（1）具备大学本科及以上学历、中级及以上职称。

（2）具有相关电力课程授课经历，并具有一定的电力线路工实践操作技能。

（3）具有高等学校教师资格证书。

2. 实践教学条件要求

（1）校内实训室要求如表 3-4-7、表 3-4-8 所示。

表 3-4-7　电力线路工技能考证实训实训室

实训室名称：电力检修实训场　　　　　　　　　　　　　　　面积要求：400 m²

序号	核心设备	数量要求	备注
1	拉线设备	4 套	
2	耐张电杆及附件	8 套	

表 3-4-8　电力线路工技能考证实训实训室

实训室名称：C2-201 高铁电力实训室　　　　　　　　　　　面积要求：400 m²

序号	核心设备	数量要求	备注
1	KYN28A 成套设备	2 套	
2	高铁电力远动箱式变电站	1 套	

（2）校外实训基地要求如表 3-4-9 所示。

表 3-4-9　电力线路工技能考证实训实训室

序号	校外实训基地名称	合作企业名称	可开展的实训项目	备注
1	中国铁路南宁局集团有限公司柳州供电段实训基地	中国铁路南宁局集团有限公司柳州供电段	认识实习、跟岗实习	紧密合作型
2	广西沿海铁路股份有限公司钦州供电段实训基地	广西沿海铁路股份有限公司钦州供电段	认识实习、跟岗实习	紧密合作型
3	南宁轨道交通集团有限责任公司供电实训基地	南宁轨道交通集团有限责任公司	认识实习、跟岗实习	紧密合作型

3．教学方法和策略

（1）教学方法：根据学情分析和教学内容特征，主要选择项目化教学、翻转课堂教学法、工作过程导向教学法、探究式教学法等教学法。

（2）教学策略：主要选择理论和实作相结合的混合式教学模式，引进行业、企业专家参与教学等。

4．教材和数字化资源的选用（见表 3-4-10、表 3-4-11）

表 3-4-10　电力线路工技能考证实训课程教材选用

序号	教材名称	出版社	主编	出版日期
1	铁道供电技术专业实训项目标准化指导书	中国铁道出版社	黄绘，古志杰	2016.10

表 3-4-11　电力线路工技能考证实训课程参考教材选用

序号	教材名称	出版社	主编	出版日期
1	配电线路设计施工、运行与维护	中国电力出版社	李光辉、黄俊杰	2007.8
2	配电线路	中国水利水电出版社	《配电线路》编委会	2009.3
3	电力线路工	中国铁道出版社	王津生	2009.2

3.5　"接触网工技能考证实训"课程标准

3.5.1　课程信息

1．课程基本信息（见表 3-5-1）

表 3-5-1　课程基本信息

课程名称	接触网工技能考证实训	开课部门	铁道供电教研室	
课程代码		课程性质	专业主干课	
参考学分/学时	9.0/144	考核性质	考查	
适用专业	铁道供电技术	课程类型	理论课	
			实践课	√
			理论+实践（整周）	
			理实一体化	

2．课程建设团队（见表3-5-2）

表3-5-2　课程建设团队名单

序号	姓名	工作单位	职称/职务
1	程　×	柳州铁道职业技术学院	讲师/工程师
2	古××	柳州铁道职业技术学院	助理实验员
3	黄　×	柳州铁道职业技术学院	副教授
4	侯××	柳州铁道职业技术学院	教授级高级工程师
5	陈　×	柳州铁道职业技术学院	讲师
6	杜××	柳州铁道职业技术学院	讲师

3.5.2　课程性质

1．课程类型和功能

本课程是铁道供电技术专业（群）必修的一门专业主干课，是在学生学习了"接触网运行与检修""电工作业考证实训""高电压技术"等课程，具备了电气安全基本知识、电工基本操作技能、熟练认知接触网基本结构等能力的基础上，开设的一门实践课，其功能是对接铁道供电技术专业人才培养目标，面向铁道供电类工作岗位，培养电气化铁道接触网工基本操作能力，提高学生的动手能力，增强学生对专业理论知识的理解，加强理论知识与实际情况的结合，为顺利考取《接触网工（中级工）》打下良好的专业基础和操作技能。

2．课程功能定位（见表3-5-3）

表3-5-3　课程功能定位分析

对接的工作岗位	对接培养的职业岗位能力
接触网工	1．具备基本电气图和机械图识图能力
	2．能够正确使用电工仪表、工具
	3．认知接触网基本结构和设备原理的能力
	4．具备接触网基本结构和故障排查能力
	5．具备基本钳工技能
	6．具备电工作业基本安全知识和意识

3.5.3　课程目标与内容

1．课程总目标

通过实训项目的练习，学生逐步从掌握电气化铁道接触网工的基本操作技能，到掌握接触网的运营、检修和维护的综合技能。根据《接触网工（中级工）》技能鉴定考核项目技能要求，强化考证相关项目练习，着重掌握单开线岔测量、腕臂地面组装、环节吊弦制作、回头制作、接触线连接等基本操作技能，提高学生的实操能力，加强理论知识与实际情况的结合，为顺利考取《接触网工（中级工)》证书奠定理论与技能基础。

2. 课程具体目标（见表 3-5-4）

表 3-5-4　课程教学目标与内容

序号	毕业要求指标点	知识目标	技能目标	素质目标	教学内容
1		接触网工作业安全知识	熟知接触网工作业安全知识和防护措施	具备安全意识和职业规范意识	接触网安全知识
2		1. 熟知接触网单开线岔的基本步骤和方法； 2. 熟练使用激光测量仪和测量杆测量参数线岔参数	能够说出接触网单开线岔的基本参数、测量点和步骤；能够熟练使用激光测量仪和测量杆测量参数	1. 具备接触网实操技能和规范； 2. 培养仪器仪表标准与规范； 3. 分析归纳能力	单开线岔的测量与调整
3		熟知环节吊弦的基本参数和制作方法	能够熟练制作环节吊弦	具备基本钳工技能	环节吊弦制作
4		熟知（承力索）回头的基本参数和制作方法	能够熟练制作（承力索）回头	具备基本钳工技能	回头制作
5	1. 具备电工作业、接触网工作业基本安全意识； 2. 单开线岔测量、腕臂地面组装、环节吊弦制作、回头制作、接触线连接、补偿装置调整、分段绝缘器检调、吊弦制作与更换、软横跨检调、定位装置检调等基本操作技能； 3. 接触网理论知识与实作技能的结合	熟知接触网腕臂基本结构和部件名称	能够熟练装配接触网腕臂	1. 具备基本钳工技能； 2. 培养测量工具使用能力	腕臂地面预配
6		熟知接触线接头的作用、制作标准与步骤	能够熟练制作接触线接头	具备基本钳工技能	铜接触线接头连接
7		熟知补偿装置的作用、结构和标准	能够熟练测量、判断和调整补偿装置的参数	1. 具备基本钳工技能； 2. 逻辑分析能力	补偿装置调整
8		熟知更换分段绝缘器的方法和作业标准	能够熟练更换分段绝缘器	1. 具备基本钳工技能； 2. 培养测量工具使用能力	分段绝缘器更换
9		掌握制作环节吊弦的方法； 熟知更换吊弦的方法及注意事项	掌握吊弦的制作及更换方式，加强对注意事项的认识	1. 具备基本钳工技能； 2. 培养测量工具使用能力	吊弦制作与更换
10		熟知软横跨最小间距的测量以及检调程序和方法	掌握软横跨最小间距的测量及检调程序	1. 具备基本钳工技能； 2. 逻辑分析能力	软横跨检调
11		熟知接触网定位装置主要参数的测量方法及定位装置的调整方法	能够测量接触网定位装置主要参数，并能调整	1. 具备基本钳工技能； 2. 培养测量工具使用能力	定位装置检调

3．课程教学内容（见表 3-5-5）

表 3-5-5　课程教学目标与内容

序号	项目（模块）	任务（单元）	教学内容	重点、难点、考核点	学时
1	项目 1：接触网安全知识	任务一：接触网安全知识	接触网基本作业安全知识讲解	重点：作业安全常识、验电和接地 难点：验电和接地	4
2	项目 2：单开线岔的测量与调整	任务一：单开线岔的结构和参数	接触网单开线岔基本结构和测量点	重点：接触网单开线岔基本结构和参数。 难点：接触网单开线岔基本结构和参数	2
		任务二：单开线岔测量与调整	使用测量杆与激光测量仪测量线岔参数	重点：测量杆与激光测量仪的使用；线岔调整措施。 难点：接触网单开线岔的测量步骤与方法；线岔调整措施	8
3	项目 3：环节吊弦制作	任务一：环节吊弦制作	使用直径为 4.0 mm 的镀锌铁线制作 600 mm+300 mm+900 mm 规格环节吊弦	重点：环圈制作。 难点：环圈制作；用力方法	12
		任务二：环节吊弦制作考证强化练习	使用直径为 4.0 mm 的镀锌铁线制作 600 mm+300 mm+900 mm 规格环节吊弦	重点：环圈制作。 难点：环圈制作；用力方法	6
4	项目 4：回头制作	任务一：回头制作	接触网回头的制作工艺，掌握基本步骤、方法	重点：回头搣圈；缠绕。 难点：回头搣圈；缠绕	12
		任务二：回头制作考证强化练习	接触网回头的制作工艺和标准	重点：回头搣圈；缠绕。 难点：回头搣圈；缠绕	6
5	项目 5：腕臂地面预配	任务一：腕臂基本结构	接触网腕臂基本结构和部件名称	重点：接触网腕臂基本结构和部件名称。 难点：接触网腕臂基本结构和部件名称	2
		任务二、接触网腕臂装配	按照标准熟练装配接触网腕臂	重点：装配作业步骤与标准。 难点：装配作业步骤与标准	10
		任务三：腕臂装配考证强化练习	熟练、准确地装配接触网腕臂	重点：装配作业步骤与标准。 难点：装配作业步骤与标准	10
6	项目 6：铜接触线接头连接	任务一：铜接触线接头连接	制作接触线接头工序	重点：接触线接头作业步骤与标准。 难点：接触线接头作业步骤与标准	4
		任务二：铜接触线接头连接考证强化练习	制作接触线接头工序	重点：接触线接头作业步骤与标准。 难点：接触线接头作业步骤与标准	4

序号	项目（模块）	任务（单元）	教学内容	重点、难点、考核点	学时
7	项目7：补偿装置调整	任务一：补偿装置参数测量	补偿装置的结构和参数测量	重点：补偿装置的参数标准。 难点：补偿装置的参数标准	8
		任务二：补偿装置调整	调整补偿装置参数的方法	重点：补偿装置的参数调整。 难点：补偿装置参数的调整	10
8	项目8：分段绝缘器更换	分段绝缘器更换	更换分段绝缘器的方法和作业标准	重点：分段绝缘器安装与检调。 难点：分段绝缘器安装与检调	4
9	项目9：吊弦制作与更换	吊弦制作与更换	1.制作环节吊弦的方法； 2.更换吊弦的方法及注意事项	重点：吊弦安装工艺。 难点：吊弦安装工艺	12
10	项目10：软横跨检调	软横跨检调	软横跨最小间距的测量以及检调程序	重点：软横跨最小间距的测量以及检调。 难点：软横跨最小间距的测量以及检调	6
11	项目11：定位装置检调	定位装置检调	接触网定位装置主要参数的测量方法及定位装置的调整方法	重点：接触网定位装置主要参数的测量方法及定位装置的调整。 难点：接触网定位装置主要参数的测量方法及定位装置的调整	6
12	考核	考核	考核	学生实作技能考核	18
合计					144

注：每个任务（单元）最多不超过12学时。

3.5.4 课程考核

1．考核内容

考核项目包括：吊弦制作、单开线岔测量与调整、腕臂地面预配、回头制作、铜接触线接头连接、补偿装置调整（b值）。

2．考核形式

课程考核分为终结性考核和形成性考核两部分：终结性考核成绩占课程总成绩的70%，形成性考核成绩占课程总成绩的30%。

终结性考核：本课程的实操成绩。如所在学期进行技能鉴定，考核项目由考评员现场抽取确定，最终实操成绩取考核项目的平均成绩（没有参与技能考评的学生，考核项目由上课老师现场抽取确定三个考核项目，最终实操成绩取所考核项目的平均分）；如所在学期无技能鉴定，考核项目由上课老师现场抽取确定三个考核项目，最终实操成绩取所考核项目的平均分。

形成性考核：本课程的平时成绩，包含考勤，平时表现、实训报告等。

不提交实训报告者，期评成绩直接评定为不及格。

3.5.5　实施要求

1. 授课教师基本要求

（1）具有电气自动化类专业教育背景，具有本科及以上学历。

（2）具有低压电工基本知识和技能，具有高校教师资格证证书。

（3）具备供电段挂职经历且挂职时间不少于 2 个月。

2. 实践教学条件要求

校内实训室要求如表 3-5-6、表 3-5-7 所示。

表 3-5-6　接触网集中检修实训室

实训室名称：接触网集中检修实训室　　　　　　　　　　　　面积要求：500 m²

序号	核心设备	数量要求	备注
1	接触网平腕臂	6 套	高铁腕臂
2	35 mm² 镀锌钢绞线	300 kg/班	
3	4.0 mm² 镀锌铁线	200 kg/班	
4	棘轮补偿装置	2 套	
5	接触线交叉线岔	2 处	
6	克丝钳（L250 mm 规格）	50 把	
7	断线钳（L900 mm 规格）	4 把	
8	棘轮扳手（17-19 型）	20 把	
9	钢卷尺（5 m）	10 把	

表 3-5-7　高铁接触网实训场

实训室名称：高铁接触网实训场　　　　　　　　　　　　面积要求：15 000 m²

序号	核心设备	数量要求	备注
1	回头线夹	20 个	
2	手扳葫芦（3T）	2 套	
3	ϕ 4.0 mm 镀锌铁线	30 kg	
4	DJJ-8 激光测量仪	1 台	
5	绝缘测量杆	2 套	
6	接触线夹（120 mm²）	4 套	
7	分段绝缘器	1 套	
8	克丝钳	40 把	
9	水平尺	2 把	

3. 教学方法和策略

（1）教学方法：讲授法、演示法、练习法、启发式教学法、情景教学法等方法。

（2）教学策略：通过实物认知、实物展示强化学生认知程度，通过教师实操演示操作过程并强调操作要点和注意事项。在学生训练过程中，教师要认真监督学生练习，发现在学生练习过程中出

122

现的问题，并及时指导。在教学过程中，充分利用网络教学平台，充分利用多媒体平台，借助微课、视频直观地向学生讲解操作要点、难点，作为辅助教学。

4. 教材和数字化资源的选用（见表3-5-8、表3-5-9）

表3-5-8　接触网工技能实训课程教材选用

序号	教材名称	出版社	主编	出版日期
1	接触网工技能考证实训指导书	校本教材	古志杰、程洋	2020.8

表3-5-9　接触网工技能实训课程参考教材选用

序号	教材名称	出版社	主编	出版日期
1	铁道供电技术专业实训项目标准化指导书	中国铁道出版社	黄绘、古志杰	2016.11

3.6　"铁道供电专业综合实践"课程标准

3.6.1　课程信息

1. 课程基本信息（见表3-6-1）

表3-6-1　课程基本信息表

课程名称	铁道供电专业综合实践	开课部门	铁道供电教研室	
课程代码		课程性质	专业主干课	
参考学分/学时	9.0/144	考核性质	考查	
适用专业	铁道供电技术	课程类型	理论课	
			实践课	√
			理论+实践（整周）	
			理实一体化	

2. 课程建设团队（见表3-6-2）

表3-6-2　课程建设团队名单

序号	姓名	工作单位	职称/职务
1	吕××	柳州铁道职业技术学院	讲师/工程师
2	梁　×	柳州铁道职业技术学院	讲师
3	程　×	柳州铁道职业技术学院	讲师/工程师
4	杜××	柳州铁道职业技术学院	讲师
5	古××	柳州铁道职业技术学院	技师

3.6.2 课程性质

1. 课程类型

本课程是针对铁道供电技术专业学生在完成了变电所运行与维护、变配电所设备检修实训、牵引供电系统继电保护、接触网运行与检修等专业核心课程理论学习和实操训练之后开设的一门专业主干课。其性质是对接铁道供电技术专业人才培养目标，参照变配电值班员、变电检修员、继电保护工、接触网工等工作岗位内容设置岗位工作技能强化训练环节，目的是增强学生对专业理论知识的深化认识，提高学生的综合动手能力，全面了解和掌握理论知识与实际情况，为适应铁道供电技术相关岗位的就业打下良好的基础。

2. 课程功能定位（见表 3-6-3）

表 3-6-3 课程功能定位分析

对接的工作岗位	对接培养的职业岗位能力
变配电值班员	1. 具备强烈的变配电值班员安全工作意识
	2. 熟练准确地分析电气主接线图
	3. 熟练准确地分析二次系统原理图
	4. 熟练检查和使用常用工器具
变电检修员	1. 具备较好的变电检修工作安全意识
	2. 熟悉变配电所一次设备的结构
	3. 熟练检查和使用常用工器具
	4. 熟悉二次系统回路
	5. 具备较好的二次系统故障分析和处理能力
继保工	1. 掌握牵引供电系统继电保护的基本知识，能正确判断、分析二次设备正常、异常、故障运行状态
	2. 及时发现、处理设备缺陷与故障
	3. 继电保护装置的参数整改、保护试验、传动试验工作
	4. 牵引供电系统继电保护日常运行维护与管理工作
	5. 熟练使用继电保护测试仪
接触网工	1. 具备接触网作业安全意识
	2. 熟练地制作及更换环节吊弦
	3. 能够合作完成定位装置检调
	4. 能够合作完成软横跨检调
	5. 熟练地进行隔离开关检调
	6. 能够合作完成分段绝缘器的更换

3.6.3 课程目标与内容

1. 课程总目标

本综合实践课程所涉及的内容为牵引供电系统的重要知识，要求学生按照铁路企业供电岗位标准进行相关训练或演练。选取的实训项目是铁道供电类相关工作岗位的典型工作内容，实训设备与现场一致，实训标准与企业一致，做到还原生产场景，学生能够在逼真的环境下进行牵引供电系统综合检修技能的训练，既可以锻炼和提高学生的实操技能，强化理论水平，又能培养学生的组织能力、观察与思考能力、学习能力、应变能力，全方位培养学生的安全意识、责任意识、岗位意识、团队意识，使学生具有牵引供电相关检修岗位中级工及以上水平，实现与未来岗位的无缝衔接。

2. 课程具体目标（见表 3-6-4）

表 3-6-4 课程教学目标与内容

序号	毕业要求指标点	知识目标	技能目标	素质目标	教学内容
1	具备强烈的变配电岗位安全工作意识	变配电安全工作规程	培养安全作业的习惯	具备强烈的岗位安全工作意识	供电专业安全工作规程
2	熟练准确地分析电气主接线图	电气主接线图的识读	掌握高铁变电所电气主接线图分析方法	掌握识图这门电气语言	高铁变电所电气主接线图讲解
3	熟练准确地分析二次系统原理图	学会分析二次系统原理图方法	熟悉实训设备二次系统原理	养成严谨细致的职业精神	二次系统原理
4	二次系统安装接线	学会分析二次系统安装接线方法	熟悉实训设备二次系统安装接线		二次系统安装接线
5	学会查找二次系统故障点	二次系统故障分析	学会查找二次系统故障点	操作规范	二次系统故障排查训练
6	掌握继电保护测试仪使用方法与注意事项	掌握继电保护测试仪使用方法与注意事项	掌握继电保护测试仪使用方法与注意事项	熟悉设备	继电保护测试仪认识与使用
7	二次设备运行与维护安全工作规程	二次设备安全作业的要求、注意事项及验电接地的方法、要求及注意事项	安全作业的要求、注意事项及验电接地的方法、要求及注意事项	培养安全操作，岗位责任意识	故障模拟屏的认识与使用
8	掌握二次设备的使用方法	牵引变电所综合自动化屏故障查看与参数调整	保护设置参数查看，故障分析、参数调整	设备查看调试能力	保护设置参数查看，故障分析、参数调整
9	二次设备端子识别与接线	二次设备端子识别与接线	二次设备端子识别与接线	对供电系统故障分析、判断能力。岗位专业素养与能力	
10	保护装置试验方法	物理量保护试验及传动试验	试验方法		瓦斯保护、温度保护试验及传动试验
11	保护装置试验方法	电参数保护试验	试验方法		电流保护试验、自动重合闸试验
12	具备接触网作业安全意识	接触网作业安全教育	培养安全作业的习惯	培养安全作业的习惯	接触网安全作业的要求、注意事项及验电接地的方法、要求及注意事项

序号	毕业要求指标点	知识目标	技能目标	素质目标	教学内容
13	熟练地制作及更换环节吊弦	吊弦的制作及更换	掌握吊弦的制作及更换方式，加强对注意事项的认识		1.制作环节吊弦的方法；2.更换吊弦的方法及注意事项
14	熟练地完成定位装置检调	定位装置检调	掌握接触网定位装置主要参数的测量方法及定位装置的调整方法	1. 规范接触网作业技术标准和流程；2. 培养分析归纳能力；3. 培养自学与独立思考能力	接触网定位装置主要参数的测量方法及定位装置的调整方法
15	熟练地进行软横跨检调	软横跨检调	掌握软横跨最小间距的测量以及检调程序和方法		软横跨最小间距的测量以及检调程序和方法
16	熟练地进行隔离开关检调	隔离开关检调	掌握悬式绝缘子和斜腕臂上棒式绝缘子更换的作业程序及方法		接触网柱上隔离开关的检调方法
17	熟练更换分段绝缘器	分段绝缘器更换	能够熟练更换分段绝缘器		更换分段绝缘器的方法和作业标准

3. 课程教学内容（见表3-6-5）

表3-6-5　课程教学安排

序号	项目（模块）	任务（单元）	教学内容	重点、难点、考核点	学时
1	继电保护技能综合实践	"开学第一课"二次设备运行与维护安全工作规程	"开学第一课"二次设备安全作业的要求、注意事项及验电接地的方法、要求及注意事项	重点：安全要求。难点：安全要求。考核点：严格执行安全规程	4
		继电保护测试仪的认识与使用	继电保护仪器的使用步骤与方法	重点：操作步骤与注意事项。难点：参数设置与调试	4
		牵引变电所综合自动化屏故障查看与参数调整	保护设置参数查看，故障分析、参数调整		4
		二次设备端子识别与接线	识别端子排，掌握按图接线方法		4
		保护装置物理量保护试验及传动试验	保护试验及传动试验方法及标准化操作步骤	重点：调整方法。难点：参数校验。考核点：动作与流程是否标准	6
		保护装置电参数保护试验及传动试验	电流保护试验级及传动试验方法标准化操作步骤		6
		自动重合闸试验	自动重合闸试验方法标准化操作步骤		6

序号	项目（模块）	任务（单元）	教学内容	重点、难点、考核点	学时
1		考核	继电保护技能实训	考核点：是否在时限内完成；动作与流程是否标准	10
2	牵引变电所综合实践	变配电安全工作规程	供电专业安全工作规程	重点：安全规程。 难点：注意事项。 考核点：严格执行安全规程	2
		电气主接线图的识读	高铁变电所电气主接线图讲解	重点：分析的方法。 难点：设备或元件间的逻辑关系。 考核点：正确识别设备之间的关系	4
		断路器控制信号原理图分析	对接实物，分析断路器工作、保护、联锁原理	重点：图纸分析。 难点：实物走线。 考核点：图与实际接线对应	6
		隔离开关控制信号原理图分析	对接实物，分析电动隔离开关工作、联锁原理	重点：图纸分析。 难点：实物走线。 考核点：图与实际接线对应	6
		二次系统安装接线分析	对接实物，分析二次系统设备安装接线规范与标准		6
		二次系统故障排查训练	二次系统故障排查训练	重点：故障排查。 难点：故障点分析。 考核点：故障排查并恢复	12
		考核	二次系统故障排查	考核点：是否在时限内完成；找出所有故障点并复原系统	12
3	接触网综合实践	接触网作业安全教育	接触网安全作业的要求、注意事项及验电接地的方法、要求及注意事项	重点：安全要求。 难点：安全要求。 考核点：严格执行安全规程	2
		吊弦的制作及更换	1.制作环节吊弦的方法； 2.更换吊弦的方法及注意事项	重点：制作方法。 难点：制作过程及注意事项。 考核点：动作是否标准和成品工艺	8
		定位装置检调	接触网定位装置主要参数的测量方法及定位装置的调整方法		6
		软横跨检调	软横跨最小间距的测量以及检调程序和方法	重点：调整方法。 难点：参数测量。 考核点：动作与流程是否标准	6
		隔离开关检调	接触网柱上隔离开关的检调方法		6
		分段绝缘器更换	更换分段绝缘器的方法和作业标准		10
		考核	考核接触网实操技能	考核点：是否在时限内完成；动作与流程是否标准	10

注：每个任务（单元）最多不超过 12 学时。

3.6.4 课程考核

1. 牵引变电所综合实践环节考核内容

要求学生熟练掌握实训室二次系统原理图，并依据原理图、安装接线图查找指导教师置入系统中的 3 个故障并恢复系统正常。

2. 牵引变电所综合实践环节考核形式

学生二人一组完成故障排查考核，并填写故障记录表。故障排查与恢复实操考核占本实训环节成绩的 70%，平时成绩（实训表现、考勤）占成绩的 30%。

3. 继电保护技能实践考核内容

（1）继电保护装置故障分析与判断：学生根据教师布置的任务，限时完成故障的查看与分析，并运用继电保护测试仪进行保护试验，最终填写故障报告提交。

（2）根据二次线路图安装接线：学生根据教师给出的二次接线图，限时完成二次端子接线的核查与校验。

4. 继电保护技能实践考核形式

以上两个实操项目要求每组学生独立完成，占本实训环节成绩的 70%，平时成绩（实训表现、考勤）占成绩的 30%。

5. 接触网综合实践环节考核内容

本实训主要考核一个项目，男生考核项目为"吊弦制作及更换"，女生考核项目为 "分段绝缘器参数测量"，其他实训项目以平时的完成情况计入平时成绩。

（1）吊弦制作及更换：要求在规定时限 30 min 内完成以下内容，每超时 1 min 扣 2 分，超时 5 min 失格。

① 材料准备要齐全，并对材料进行检查。

② 能按要求制作环节吊弦，要求环孔直径为线径的 5 ~ 10 倍(20 ~ 40 mm)，成水滴形环孔的高宽比应约为 3：2；环孔收口处尾线要缠绕主线 2.5 ~ 3 圈，尾线要缠紧主线，不留缝隙，制作过程不能损伤镀锌层。

③ 能按要求安全上网，拆除旧吊弦。

④ 按规定安装新吊弦，要求吊弦位置施工偏差为 ± 300 mm，吊弦回头应均匀迂回，吊弦线夹必须安装端正、牢固，曲线区段与导线倾斜度一致。

⑤ 文明、安全生产，合理使用工具及安全用具。

6. 接触网综合实践环节考核形式

每生必须参加以上对应项目的考核，期评总成绩为平时成绩（实训表现、考勤、实训报告成绩等）占 30%，考核项目的成绩占 70%。

不按时上交实训报告者，其期评总成绩直接评定为不及格。

7. 本课程总成绩（见表3-6-6）

表 3-6-6　课程总成绩

课程环节名称	占总成绩比例
牵引变电所综合实践	35%
继电保护技能综合实践	35%
接触网综合实践	30%

3.6.5　实施要求

1. 授课教师基本要求

（1）具备高校教师资格证书，中级及以上职称。

（2）熟练掌握接触网或牵引变电所学科知识。

（3）熟悉电气化铁路变电所一/二次设备、电气化铁路接触网；熟悉牵引变电所布局、运行方式、接触网构架；熟悉变配电值班员、变电检修员岗位工作内容、接触网工工作内容；熟悉接触网安全规程或牵引变电所安全工作规程；熟练使用接触网或变电所常用工器具。

（4）具有相关的继电保护理论知识，能进行继电保护的分析、讲解，并能引导学生进行故障分析和判断的能力，最好能具备相关继电保护及二次回路现场工作经验。

（5）具有不少于半年的企业实践经历。

2. 实践教学条件要求（见表3-6-7～表3-6-9）

表 3-6-7　牵引变电所实训室

实训室名称：牵引变电所实训室　　　　　　　　　　　　　　　　　　　　面积要求：500 m²

序号	核心设备	数量要求	备注
1	牵引变电所综合自动化系统	1 套	包含主变保护测控屏、馈线保护测控屏
2	牵引变电所电源侧一次设备训练沙盘	1 套	
3	牵引变电所牵引侧一次设备	单品≥1 台	包括电力变压器、高压断路器、高压隔离开关、互感器、避雷器
4	变配电常用工具	≥2 套	包括安全帽、绝缘手套、绝缘靴、高压验电器、接地线及工具
5	多媒体教学设备	1 套	计算机、投影、音响
6	继电保护测试仪	4 套	

表 3-6-8　接触网综合实践实训场

实训室名称：轨道交通实训场　　　　　　　　　　　　　　　　　　　　　面积要求：15 000 m²

序号	核心设备	数量要求	备注
1	接触网平腕臂	8 套	
2	回头线夹	20 个	
3	手扳葫芦（3T）	2 套	
4	ϕ4.0 mm 镀锌铁线	30 kg	
5	DJJ-8 激光测量仪	1 台	
6	绝缘测量杆	2 套	
7	接触线夹（120 mm²）	4 套	
8	分段绝缘器	1 套	
9	克丝钳	40 把	
10	水平尺	2 把	

表 3-6-9　接触网集中检修实训室

实训室名称：接触网集中检修实训室　　　　　　　　　　　　　　　　　　面积要求：500 m²

序号	核心设备	数量要求	备注
1	接触网平腕臂	8 套	
2	回头线夹	20 个	
3	手扳葫芦（3T）	2 套	
4	ϕ4.0 mm 镀锌铁线	30 kg	
5	DJJ-8 激光测量仪	1 台	
6	绝缘测量杆	2 套	
7	接触线夹（120 mm²）	4 套	
8	分段绝缘器	1 套	
9	克丝钳	40 把	
10	水平尺	2 把	

3．教学方法和策略

（1）教学方法：项目化教学、工作过程导向教学法、演示教学法等。

（2）教学策略：依据企业现场工作标准，结合老师现场讲解，学生进行实操训练，全程执行岗位安全工作规程。教师演示、指导和纠正，提高教学效果。

4. 教材和数字化资源的选用（见表3-6-10、表3-6-11）

表3-6-10　铁道供电专业综合实践课程教材选用

序号	教材名称	出版社	主编	出版日期
1	牵引变电所综合实践指导书	校本教材	吕盛刚	—
2	继电保护技能综合实践指导书	校本教材	梁静	—
3	接触网综合实践指导书	校本教材	程洋、杜伟静、古志杰	—

表3-6-11　铁道供电专业综合实践课程参考教材选用

序号	教材名称	出版社	主编	出版日期
1	铁道供电技术专业实训项目标准化指导书	中国铁道出版社	黄绘、古志杰	2016.10
2	牵引变电系统运行与维护	西南交通大学出版社	赵先堃、窦婷婷	2016.9
3	接触网工考证培训实训指导书	校本教材	程洋、古志杰	—

3.7　"钳工技能实训"课程标准

3.7.1　课程信息

1. 课程基本信息（见表3-7-1）

表3-7-1　课程基本信息

课程名称	钳工技能实训	开课部门	铁道供电教研室	
课程代码		课程性质	专业主干课	
参考学分/学时	3.0/48	考核性质	考查	
适用专业	铁电供电技术	课程类型	理论课	
			实践课	√
			理论+实践（整周）	
			理实一体化	

2. 课程建设团队（见表 3-7-2）

表 3-7-2　课程建设团队名单

序号	姓名	工作单位	职称/职务
1	呈　×	柳州铁道职业技术学院	讲师/工程师
2	吕××	柳州铁道职业技术学院	讲师/工程师
3	毛　×	柳州钢铁集团有限公司	高级技师

3.7.2　课程性质

1. 课程性质

本课程是铁道供电技术专业必修的一门主干课，是学生在学习了机械制图课程、具备了一定识图能力的基础上开设的一门实践课，其目的是对接铁道供电技术专业人才培养目标，面向钳工工作岗位，培养钳工划线、平面锯割、平面锉削、球面锉削、钻孔等钳工基本操作技能及综合职业能力。

2. 课程功能定位（见表 3-7-3）

表 3-7-3　课程功能定位

对接的工作岗位	对接培养的职业岗位能力
钳工	1. 能熟练使用常用钳工工具及量具
	2. 能规范操作台式钻床
	3. 能正确识读零件图、并能按图加工零件

3.7.3　课程目标与内容

1. 课程总目标

通过本课程实训学习，使学生较为熟练地掌握钳工划线操作技能、平面锯割操作技能、平面锉削操作技能和球面锉削加工技能及钻孔加工技能，具备安全文明操作等基本职业素养。

2. 课程具体目标（见表 3-7-4）

表 3-7-4　课程教学目标与教学项目

序号	毕业要求指标点	知识目标	技能目标	素质目标	教学内容
1	划线	1. 了解钳工工作特点； 2. 了解小方锤加工工艺流程； 3. 了解钳工划线工具； 4. 掌握钳工划线方法； 5. 掌握钳工划线安全操作知识	1. 能正确作用和保养划线平板； 2. 能正确使用划线平板、划针、高度尺等划线工具； 3. 能熟练完成钳工划线操作	1. 遵守实训纪律； 2. 遵守操作规程； 3. 注重团队协作； 4. 爱护工具设备； 5. 树立环境意识； 6. 树立安全意识	1. 平面划线； 2. 立体划线

序号	毕业要求指标点	知识目标	技能目标	素质目标	教学内容
2	锯割	1. 了解锯割加工切削原理； 2. 了解台虎钳、锯弓结构及锯条种类； 3. 掌握锯割操作姿势； 4. 掌握起锯操作方法； 5. 掌握锯割加工操作方法； 6. 掌握锯割安全操作知识	1. 能正确装夹工件、安装锯条； 2. 能正确起锯； 3. 能合理控制锯割速度、熟练完成锯割加工	1. 提高安全意识； 2. 树立规范意识； 3. 树立质量意识； 4. 树立协作意识； 5. 树立创新意识	1. 工作装夹； 2. 锯条安装； 3. 锯割姿势； 4. 起锯方法； 5. 锯割操作
3	锉削	1. 了解锉削加工切削原理； 2. 了解锉刀结构及种类； 3. 掌握平面锉削操作姿势； 4. 掌握平面锉削工艺方法； 5. 掌握零件尺寸精度、形位精度检测方法； 6. 掌握锉削安全操作知识	1. 能正确装拆锉刀柄； 2. 能合理控制锉削速度和双手力度、熟练完成锉平面削加工； 3. 能熟练使用量具检测零件加工精度	1. 提高安全操作能力； 2. 提高规范操作能力； 3. 提高团队协作能力	1. 锉刀柄装拆； 2. 锉削姿势； 3. 平面锉削； 4. 球面锉削
4	钻孔	1. 了解麻花钻结构； 2. 了解立式钻床结构和调速原理； 3. 掌握钻孔切削用量的选择方法	1. 能规范操作立式钻床； 2. 能安全完成钻床调速操作； 3. 能熟练进行钻孔加工	1. 钻台清洁卫生； 2. 钻床保养	1. 钻头拆装； 2. 零件装夹调试； 3. 钻床操作调试

3. 课程教学内容（见表 3-7-5）

表 3-7-5　课程教学内容及重点和难点

序号	项目（模块）	任务（单元）	教学内容	重点、难点、考核点	学时
1	加工小方锤	任务一：工艺分析	1. 识读零件图； 2. 制定工艺流程； 3. 确定工艺方法	重点：工艺流程。 难点：工艺方法	2
		任务二：锯割长方形锤体	1. 划线； 2. 零件装夹； 3. 锯条安装； 4. 平面锯割	重点：锯割姿势。 难点：锯路纠正	10
		任务三：锉削长方形锤体	1. 锉刀柄装拆； 2. 平面锉削； 3. 精度检测	重点：锉削姿势。 难点：平面度控制	12
		任务四：加工腰形锤柄孔	1. 划线； 2. 钻孔； 3. 锉削腰形孔	重点：钻孔。 难点：锉削内圆弧面	12
		任务五：加工斜面锤尾	1. 划线； 2. 工件装夹； 3. 斜面加工； 4. 角度检测	重点：斜面锉削。 难点：角度检测	6
		任务六：加工球面锤头	1. 划线； 2. 球面锉削； 3. 倒边	重点：球面锉削。 难点：半径控制	6
合计					48

3.7.4 课程考核

本课程考核根据实训项目完成质量、实训报告、实训纪律、安全文明操作表现等方面进行综合考核，平时成绩占30%，考试成绩占70%，成绩分为"优秀""良好""中等""及格"和"不及格"5个等级，综合考核成绩高于90分为"优秀"、80～89分为"良好"、70～79分为"中等"、60～69分为"及格"、低于60分为"不及格"。

3.7.5 实施要求

1．授课教师基本要求

（1）具有爱岗敬业、为人师表、严谨治学和热爱学生的职业道德，能够对学生开展良好的政治思想教育工作，熟悉高职教育教学基本规律和特点，了解高职教育人才培养模式和基本特征，能贯彻"以学生为主体，以教师为主导"的职业教育理念，引导学生学会自主学习。

（2）能灵活运用现代职业教学方法和教学手段开展教学。

（3）授课教师应具有本科及以上学历或高级技师资格，熟悉本专业发展动向，熟知本专业学生毕业后主要从事的工作岗位，从事过多年机械专业教学工作，具有丰富的理论和实践教学经验，具有较高的教学能力及实践能力。

2．实践教学条件要求

校内实训室要求如表3-7-6所示。

表3-7-6 实训室及设备要求

序号	实训室及设备名称	数量	规格
1	钳工实训室	1	200 m²
2	台虎钳	51	200 mm
3	台式钻床	4	最大钻孔直径 13 mm
4	划线平台	10	400 mm×300 mm

3．教学方法和策略

（1）教学方法：任务驱动法、讲授法、演示法及讨论法。

（2）教学策略：按照"以学生为主体、老师为主导"的现代职业教育教学理念，营造真实职业环境，采用现代职业教育教学方法开展实训教学，注重形成性考核，提高学生学习能动性，促进专业技能与综合职业素质的培养。

4．教材选用（见表3-7-7、表3-7-8）

表3-7-7 钳工技能实训课程教材选用表

序号	教材名称	出版社	主编	出版日期
1	钳工技能实训指导书	校本教材	—	—

表 3-7-8　钳工技能实训课程参考教材选用

序号	教材名称	出版社	主编	出版日期
1	钳工技能实训	人民邮电出版社	王德洪　吕超　李伟	2016.3

3.8　"电路认知与焊接实训"课程标准

3.8.1　课程信息

1. 课程基本信息（见表 3-8-1）

表 3-8-1　课程基本信息表

课程名称	电路认知与焊接实训	开课部门	铁道供电教研室	
课程代码		课程性质	专业基础课	
参考学分/学时	1.5/24	考核性质	考查	
适用专业	铁道供电技术	课程类型	理论课	
			实践课	√
			理论+实践（整周）	
			理实一体化	

2. 课程建设团队（见表 3-8-2）

表 3-8-2　课程建设团队名单

序号	姓名	工作单位	职称/职务
1	于××	柳州铁道职业技术学院	副教授/工程师
2	张××	柳州铁道职业技术学院	副教授
3	梁　×	柳州铁道职业技术学院	讲师
4	方　×	柳州铁道职业技术学院	讲师/工程师

3.8.2　课程性质

1. 课程简介

本课程是铁道供电技术专业的专业基础课，是学生在学习了电路分析基础之后开设的一门实践课程，其功能是根据课程专业人才培养目标，面向学生毕业后的工作岗位，培养学生识图、读图能力和动手操作技能，并为后续相关专业课程奠定坚实理论基础。

2. 课程功能定位（见表 3-8-3）

表 3-8-3 课程功能定位分析

对接的工作岗位	对接培养的职业岗位能力	对应岗位的知识点
电路图识读及仪器仪表安装	1. 掌握万用表电路的识读方法及电路分解	万用表电路工作原理
	2. 掌握万用表的机械结构及组装方法	仪器仪表安装
	3. 学会使用电烙铁的焊接方法	电路焊接
	4. 掌握电子元器件的结构、作用及识别、能分辨判别电子元器件的好坏	电路图的识读
	5. 熟练掌握万用表电路的焊接过程	电路焊接
	6. 熟练掌握万用表的整机组装过程	仪器仪表安装
	7. 掌握万用表的校表过程及方法	万用表的校验
	8. 掌握万用表的故障处理方法	万用表的故障处理
	9. 熟练掌握万用表的读数、使用方法及注意事项	万用表的读数、使用

3.8.3 课程目标与内容

1. 课程总目标

（1）熟悉万用表的结构、掌握万用表的基本工作原理和使用方法，学会万用表常见故障的排除方法。

（2）熟练掌握仪表的装配和调试工艺，提高学生的实际操作技能。

（3）能够正确识读电工电路图并完成电路的安装、调试及维护维修，具备严谨细致的工作作风、认真负责的工作态度以及相互学习相互帮助的团队精神。

2. 课程具体目标（见表 3-8-4）

表 3-8-4 课程教学目标与内容

序号	考核指标点	知识目标	技能目标	素质目标	教学内容	教学资源
1	项目1：电路图的识读	1. 了解电子元器件的结构、作用及识别方法；2. 掌握电路的工作原理	能熟练掌握电路的工作原理、识读方法及电路分解，会画电路分解图	1. 培养的自觉学习的能力；2. 读图绘图能力	1. 电路的工作原理讲授；2. 电子元器件的结构、作用讲授	课件、图片
2	项目2：仪器仪表安装	1. 了解电烙铁的基本结构，掌握电烙铁的使用方法；2. 掌握电路板焊接工艺；3. 掌握万用表的安装工艺过程	1. 能学会电烙铁的使用方法，掌握电路板的焊接技巧；2. 能掌握万用表的安装过程；3. 能熟练掌握万用表的校表过程及校验方法	1. 培养学生认真细致的工作态度；2. 培养学生相互学习、相互帮助的团队意识；3. 培养学生举一反三的能力；4. 培养学生工作纪律、吃苦耐劳的精神	1. 电烙铁的使用及焊接练习；2. 电子元器件的识别、清点核对；3. 电路板的焊接及配线；4. 万用表的整机统装；5. 万用表的整机调试及校验	课件、图片

序号	考核指标点	知识目标	技能目标	素质目标	教学内容	教学资源
3	项目3：万用表的故障处理	1. 了解故障现象； 2. 掌握故障原因； 3. 掌握故障处理方法	1. 能够检测判断电子元器件的好坏； 2. 根据故障现象能找出故障原因； 3. 根据故障原因能够进行相关处理并修复	1. 培养学生认真细致的工作态度； 2. 培养学生举一反三的能力	1. 遇到故障先自己检查； 2. 检查不出可以向老师和同学请教； 3. 根据学生情况，可以给学生人为设置故障让学生查找	课件、图片

3. 课程教学内容（见表 3-8-5）

表 3-8-5　课程教学任务与内容

序号	项目（模块）	任务（单元）	教学内容	重点、难点	教学方法和手段	学时
1	项目1：电路原理图授课	1. 熟练掌握万用表的电路原理图； 2. 能分解并画出万用表的各功能单一电路原理图	1. 电路原理图讲授； 2. 电路原理图分解	重点：电路原理图讲授； 难点：电路原理图分解； 考核点：电路分解及画图	讲授法、练习法	4
2	项目2：万用表套件的识别、清点核对	对照套件清单识别电子元器件并核对清点	1. 介绍色环电阻的识读方法； 2. 二极管的正反向识别； 3. 教师指导，学生清点核对	重点：套件识别、清点核对。 难点：色环电阻的识读。 考核点：电子元器件的识别、清点核对的正确性、规范性、熟练程度	练习法	2
3	项目3：焊接练习	根据老师要求完成相关电路的焊接	1. 介绍电烙铁的使用方法及注意事项； 2. 学生训练，教师指导； 3. 集中讲评	重点：电路焊接。 难点：焊接方法。 考核点：电路焊接的正确性、规范性、熟练程度	练习法	2
4	项目4：万用表电路板焊接	1. 根据装配图完成电路板元件的焊接； 2. 完成电路板上的配线	1. 学生焊接，教师指导； 2. 集中讲评	重点：电路板元件的焊接。 难点：焊接质量。 考核点：电路板元件的焊接的质量，正确性、规范性、熟练程度	练习法	6
5	项目5：万用表整机统装及调试	1. 万用表整机统装； 2. 万用表调试； 3. 万用表校验	1. 介绍万用表整机统装、调试方法； 2. 学生校验，教师指导； 3. 集中讲评	重点：万用表整机统装、调试。 难点：万用表校验。 考核点：万用表校验的正确性、规范性、熟练程度	练习法	4
6	项目6：万用表的使用考核	能使用万用表测试直流电压、电流、交流电压、电阻，并熟练读出相应数值	1. 学生万用表使用练习，教师指导； 2. 万用表使用考核	重点：万用表的使用。 难点：万用表的读数。 考核点：万用表的读数操作的正确性、规范性和熟练程度	考核法、练习法	4
7	项目7：万用表故障排查	人为设置故障让学生查找	1. 学生万用表故障查找练习，教师指导； 2. 集中讲评	重点：万用表的故障检修。 难点：万用表的故障方法。 考核点：万用表的故障检修的正确性和熟练程度	练习法	2

3.8.4 课程考核

（1）课程考核采用过程考核和终结性考核相结合的方式。过程考核占70%，终结性考核占30%，过程考核包括项目分项完成情况、课堂考勤、课堂纪律、实训报告考核评价（见表3-8-6）。

（2）终结性考核项目为万用表的使用，通过对学生所装万用表的使用掌握程度进行评价。

（3）过程考核针对各项目的完成情况进行考核。对分项目的每个基本操作按照相关标准进行分段考核（见表3-8-6）。

表3-8-6　电路认知与焊接实训考核评分表

班级＿＿＿＿＿＿　学号＿＿＿＿＿＿　姓名＿＿＿＿＿＿　成绩＿＿＿＿＿＿

序号	考核内容	考核标准	评分标准	配分	得分
1	电路原理图识读（过程考核1）	能分解并画出万用表的各功能单一电路原理图	1. 能正确分解电路得1~5分； 2. 能正确画出万用表的各功能单一电路原理图得1~5分	10	
2	万用表套件的识别、清点核对（过程考核2）	器件的识别、清点核对的正确性、规范性、熟练程度	1. 器件的识别、清点核对的正确性得1~2分； 2. 器件的识别、清点核对过程规范得1分； 3. 器件的识别、清点核对熟练程度得1~2分	5	
3	焊接练习（过程考核3）	电路焊接的正确性、规范性、熟练程度、焊点	电路焊接点光滑、均匀、饱满，正确性高、规范性好、熟练程度强得1~5分	5	
4	万用表电路板焊接（过程考核4）	元器件布局规范整齐。焊点光滑，均匀、饱满	1. 元器件布局合理、布局规范整齐得1~5分； 2. 焊点光滑，均匀、饱满，无接触不良现象得1~15分	20	
5	万用表整机统装及调试（过程考核5）	布局合理、布线规范、安装调试正确	1. 布局合理、布线规范得1~5分； 2. 安装调试正确得1~15分	20	
6	万用表的使用（终结性考核1）	能使用万用表测试直流电压、电流、交流电压、电阻，并熟练读出相应数值	1. 能正确使用万用表测试直流电压、电流、交流电压、电阻，得1~15分； 2. 能熟练读出相应数值1~5分	20	
7	万用表的维修（终结性考核2）	能查出万用表故障原因，并修复	能查出万用表故障原因并修复得1~10分	10	
8	实训纪律考核（过程考核6）	课堂纪律、迟到、早退、旷课等情况	课堂纪律不好，有迟到、早退、旷课现象扣1~5分	5	
9	实训报告考核（过程考核7）	报告填写规范、原理分析到位，收获体会全面	实训报告填写不规范、原理分析不到位，收获体会不全面扣1~5分	5	
备注：					

3.8.5 实施要求

1. 授课教师基本要求

（1）具备电工电子基础知识，熟练掌握本课程所有理论相关知识，要有较强实践动手能力、分析问题和解决问题的能力。

（2）具有高校教师资格证书。

2. 实践教学条件要求

校内实训室要求如表3-8-7所示。

表 3-8-7　电工考证实训室

实训室名称：电工考证实训室（C2-308/304）　　　　面积要求：110 m²

序号	核心设备	数量要求	备注
1	电工作业工作台	6 条	10 人/条

3. 教学方法和策略

（1）教学方法：主要采用项目化教学法、现场教学法。

通过利用电工作业实训室实训设备，采用边讲边练的一体化教学方式，将课程内容分成多个功能模块进行教学，每个模块配有教材和相应的实训指导书，使学生按照要求完成的任务，开展操作训练。在实训的组织上，注意规范化、标准化、实用化。

（2）教学策略：教学过程中遵循由浅入深、由易到难、循序渐进的教学规律。在实训模块的安排上，注意前后有序、深入浅出课程开设采用理论讲解、操作练习、集中讲评的实训教学模式开展教与学。

4. 教材和数字化资源的选用（见表 3-8-8）

表 3-8-8　电工操作技能实训课程教材选用

序号	教材名称	出版社	主编	出版日期
1	电路分析基础	中国铁道出版社	唐志珍，张永格	2019.1

3.9　"电工仪表与测量"课程标准

3.9.1　课程信息

1. 课程基本信息（见表 3-9-1）

表 3-9-1　课程基本信息

课程名称	电工仪表与测量	开课部门	铁道供电教研室	
课程代码		课程性质	专业限选课	
参考学分/学时	3.0/48	考核性质	课内考试	
适用专业	铁道供电技术	课程类型	理论课	√
			实践课	
			理论+实践（整周）	
			理实一体化	

2. 课程建设团队（见表 3-9-2）

表 3-9-2　课程建设团队名单

序号	姓名	工作单位	职称/职务
1	赵××	柳州铁道职业技术学院	讲师
2	梁　×	柳州铁道职业技术学院	讲师
3	陈　×	柳州铁道职业技术学院	讲师

3.9.2　课程性质

1. 课程性质

电工仪表与测量是高等职业院校铁道供电技术专业的一门专业拓展课程。其特点是以基础学科数学、物理及专业课电工基础为理论依据，偏重于电子测量设备的理论与实际应用。本课程学习的关键是在实际应用中检验所学理论知识，用理论知识去指导实际应用，将理论与实践相结合。本课程学习能够为后续专业课程学习打下一定的基础，能运用相关的专业知识、专业方法和专业技能解决工程中的实际问题。

2. 课程功能定位（见表 3-9-3）

表 3-9-3　课程功能定位分析

对接的工作岗位	对接培养的职业岗位能力
电力线路工	1. 能够正确使用常用的测量电气设备
	2. 能够完成电力设备绝缘电阻等的测量任务
接触网检修维护工	1. 能够正确使用与接触网有关的测量电气设备
	2. 能够完成接触网线路中的有关电气测量任务

3.9.3　课程目标与内容

1. 课程总目标

（1）掌握电工仪表的概况；常用电工仪表测量的误差和准确度定义；磁电系、电磁系、电动系电流表和电压表的构成、工作原理及扩大量程的方法；单相和三相电能表的工作原理和正确接线方法；电工型万用表的电路组成及工作原理；绝缘电阻和接地电阻的测量原理和使用方法；互感器、兆欧表、变送器、电桥、示波器等的构造及工作原理。

（2）能够按照实际需求，准确选择测量仪器仪表解决问题；按照仪器技术参数，快速判断功能用途及使用方法；安全并准确无误地接线（电压/电流/功率/电能表等）；按照安规要求，使用万用表/示波器/互感器/兆欧表等仪器，测试地分析实际电路。

2. 课程具体目标与内容（见表 3-9-4）

表 3-9-4 课程教学目标

序号	毕业要求指标点	知识目标	技能目标	素质目标	教学内容
1	能够读懂电工仪表上的标识同时正确选择测量设备及方法	掌握电工仪表的分类和表面标志、电工仪表的组成及作用、电测量指示仪表的正确选择与使用	能够根据要求选择正确的测量仪表并熟知表面标志	判断能力和动手操作能力	电工仪表的基本知识
2	能够合理处理测量误差及准确度等级、利用有效数字处理测量结果	掌握电工仪表的误差及准确度等级、有效数字及测量结果的显示	能够有效处理测量结果	运算能力	电工仪表测量的基本知识
3	能够区分电压互感器和电流互感器的正确接线	掌握电压互感器和电流互感器的工作原理、基本参数、接线方式	能够画出电压互感器和电流互感器的接线图	专业基础知识学习的能力及电路图理解能力	测量用互感器
4	能够正确使用磁电系仪表，并会扩大磁电系仪表的量程	掌握磁电系测量机构的结构和工作原理	能够根据要求扩大磁电系仪表的量程	电路分析能力和计算能力	磁电系仪表
5	能够正确使用电磁系仪表，并会扩大电磁系仪表的量程	掌握电磁系测量机构的结构和工作原理	能够根据要求扩大磁电系仪表的量程	电路分析能力和计算能力	电磁系仪表
6	能够正确使用功率表测量三相有功功率和三相无功功率	掌握电动系测量机构的结构及工作原理、单相电动系功率表的测量三相有功功率的方法	会三相有功功率的测量方法	培养学生计算能力，电路原理分析能力，测量能力	电动系仪表、电动系功率表
7	能正确分辨不同类型的电能表	掌握电能表的分类及铭牌标志	能够理解感应式电能表的结构和工作原理	培养学生严谨的思维和记忆能力	电能表
8	能够正确使用电工型万用表	掌握电工型万用表的结构和原理、使用和维护	能看懂电工型万用表的结构电路图	电路原理图分析能力及仪表正确使用能力	电工型万用表

3. 课程教学内容（见表 3-9-5）

表 3-9-5 课程教学内容

序号	项目（模块）	任务（单元）	教学内容	重点、难点、考核点	学时
1	第一章：电工仪表与测量的基本知识	1.1 电工测量的基本知识 1.2 电工仪表的分类及表面标志	1. 了解电工测量的意义、基本概念及特点； 2. 理解电工仪表的表面标志并能识别各种电工仪表	重点：电工仪表的表面标志的含义。 难点：识别各种电工仪表	2
		1.3 电工仪表的组成及其作用 1.4 电工仪表的误差及准确度等级	1. 理解常用电工仪表测量机构的工作原理； 2. 了解仪表误差的类型、产生原因、表示方法； 3.掌握仪表误差的计算和准确度等级的确定	重点：仪表误差的类型、产生原因、表示方法。 难点：仪表误差的计算和准确度等级的确定	2

序号	项目（模块）	任务（单元）	教学内容	重点、难点、考核点	学时
1	第1章：电工仪表与测量的基本知识	1.5 电工仪表的主要技术要求 1.6 电测量指示仪表的正确选择与使用 1.7 测量误差及其消除方法	1. 了解电工仪表的主要技术指标及正确使用的基本要求； 2. 理解测量误差的类型、特点及产生原因； 3. 掌握减小测量误差的有效措施	重点：测量误差的类型、特点及产生原因。 难点：减小测量误差的有效措施	2
		1.8 有效数字及测量结果的显示	1. 了解有效数字的基本概念和处理方法； 2. 掌握测量数据的有效数字表示方法和运算方法	重点：有效数字的基本概念和处理方法。 难点：测量数据的有效数字表示方法和运算方法	2
2	第2章：测量用互感器	2.1 概述 2.2 电压互感器	1. 了解互感器的概念； 2. 掌握互感器的主要作用； 3. 理解电压互感器的工作原理、特点及参数； 4. 掌握电压互感器的接线方式	重点：互感器的主要作用；电压互感器的工作原理、工作特点及基本参数。 难点：电压互感器的接线方式及特点	2
		2.3 电流互感器	1. 理解电流互感器的工作原理、特点、基本参数； 2. 掌握电流互感器的接线方式及特点	重点：电流互感器的工作原理、工作特点、基本参数。 难点：电流互感器的接线方式及特点	2
3	第3章：磁电系仪表	3.1 磁电系测量机构	理解磁电系测量机构的工作原理和结构特点	重点：磁电系测量机构的组成。 难点：磁电系测量机构的工作原理	2
		3.2 磁电系电流表	1. 理解磁电系电流表的结构、工作原理； 2. 掌握扩大量程的方法	重点：磁电系电流表的结构、工作原理。 难点：磁电系电流表扩大量程的方法	2
		3.3 磁电系电压表 3.4 磁电系仪表的技术性能与使用	1. 理解磁电系电压表的结构、工作原理； 2. 掌握其扩大量程的方法； 3. 了解磁电系仪表的技术特性和使用事项	重点：磁电系电压表的结构、工作原理。 难点：磁电系电压表扩大量程的方法	2
4	第4章：电磁系仪表	4.1 电磁系测量机构	了解电磁系测量机构的工作原理和结构特点	重点：电磁系测量机构的组成。 难点：电磁系测量机构的工作原理	2
		4.2 电磁系电流表	1. 理解电磁系电流表的结构和测量方法； 2. 掌握电磁系电流表的接线及扩大量程的方法	重点：电磁系电流表的结构和测量方法。 难点：电磁系电流表扩大量程的方法	2
		4.3 电磁系电压表 4.4 电磁系仪表的技术性能与使用	1. 理解电磁系电压表的结构、和测量方法； 2. 掌握接线及扩大量程的方法； 3. 了解电磁系仪表的技术特性和注意事项	重点：电磁系电压表的结构。 难点：电磁系电压表扩大量程的方法	2

序号	项目（模块）	任务（单元）	教学内容	重点、难点、考核点	学时
5	第5章：电动系仪表	5.1 电动系测量机构 5.2 电动系电流表和电压表	1. 了解电动系测量机构的结构、工作原理和主要技术特性； 2. 掌握电动系电流表和电压表的使用方法	重点：电动系测量机构的结构和工作原理。 难点：电动系电流表和电压表的特点和使用方法	2
		5.3 单相电动系功率表 5.4 三相有功功率的测量	1. 理解单相电动系功率表的测量原理并掌握功率表的使用方法； 2. 掌握三相有功功率的各种测量方法、接线及测量原理	重点：功率表的使用方法、三相有功功率的各种测量方法。 难点：三相有功功率的各种测量方法、接线及测量原理	2
		5.5 三相无功功率的测量 5.6 电动系功率因数表	1. 理解三相无功功率的各种测量方法及测量原理； 2. 了解电动系比率表的原理	重点：三相无功功率的各种测量方法的使用条件、接线及测量原理。 难点：三相无功功率的各种测量方法	2
6	第6章：电能表	6.1 电能表的分类及铭牌标志	1. 了解电能表的类型和作用； 2. 理解电能表的铭牌参数及其含义	重点：电能表的铭牌参数及其含义。 难点：电能表的铭牌含义	2
		6.2 感应式电能表	1. 理解单相和三相电能表的基本结构； 2. 掌握单相和三相电能表的测量原理	重点：单相和三相电能表的基本结构。 难点：单相和三相电能表的测量原理	2
7	第7章：电工型万用表	7.1 电工型万用表的结构和原理	了解电工型万用表的基本结构和原理	重点：电工型万用表的基本结构。 难点：电工型万用表的原理	2
		7.2 电工型万用表的使用和维护	1. 掌握电工型万用表的测量方法； 2. 掌握万用表的使用和维护注意事项	重点：电工型万用表的测量方法。 难点：万用表的使用和维护注意事项	2

3.9.4 课程考核

课程考核采用过程考核和终结性考核相结合的方式（见表3-9-6）。过程考核占30%，终结性考核占70%。过程考核可包括考勤、课堂表现、作业。终结性考核为标准化试题的闭卷考试。

表3-9-6 课程评价总表

项目	评价内容	得分	权重	总比例	总评
终结性考核	期末考试		70%	70%	100%
过程性考核	考勤		10%	30%	
	课堂表现		10%		
	作业		10%		

3.9.5 实施要求

1. 授课教师基本要求

（1）具备电路分析基础、电子技术基础、电力电子技术的理论知识，具有完成简单模拟电路和数字电路基础实验的基本技能。

（2）具有高等学校教师资格证书。

2. 教学方法和策略

（1）教学方法：结合课程理论性较强难于理解记忆的特点，主要采用案例教学法、探究式教学法等教学法。

（2）教学策略：在教学过程中，根据课程知识点的特点，对于理论知识部分的讲授主要以多媒体教学为主，根据图片和视频动画等形式将枯燥的理论知识转换为形象生动的知识，同时通过实物和部分实验将学过的理论知识应用在实践中，从而取得良好的教学效果。

3. 教材和数字化资源的选用（见表3-9-7、表3-9-8）

表3-9-7　电工仪表与测量课程教材选用

序号	教材名称	出版社	主编	出版日期
1	电工仪表与测量（第三版）	中国电力出版社	浣喜明	2015.3

表3-9-8　电工仪表与测量课程参考教材选用表

序号	教材名称	出版社	主编	出版日期
1	电工测量	中国水利水电出版社	王剑平	2004
2	电子测量与仪器	机械工业出版社	徐洁	2003

3.10 "电气CAD应用与创新"课程标准

3.10.1 课程信息

1. 课程基本信号（见表3-10-1）

表3-10-1　课程基本信息

课程名称	电气CAD应用与创新	开课部门	铁道供电教研室	
课程代码		课程性质	专业拓展课	
参考学分/学时	3.0/48	考核性质	考查	
适用专业	铁道供电技术	课程类型	理论课	
			实践课	√
			理论+实践（整周）	
			理实一体化	

2. 课程建设团队（见表 3-10-2）

表 3-10-2　课程建设团队名单

序号	姓名	工作单位	职称/职务
1	黄×	柳州铁道职业技术学院	副教授
2	程×	柳州铁道职业技术学院	讲师/工程师
3	吕××	柳州铁道职业技术学院	讲师/工程师
4	梁×	柳州铁道职业技术学院	讲师

3.10.2　课程性质

1. 课程简介

本课程是铁道供电技术专业必修的一门拓展课，是学生在学习了机械制图、电机与电气控制技术、变电所运行与维护等课程之后，具备了电气识图能力的基础上，开设的一门实践课，其功能是对接铁道供电技术专业人才培养目标，面向变电所值班员等工作岗位，培养学生对电气主接线图、电气控制线路等电气图的识图和制图能力，并为后续综合实践课程的学习奠定基础。

2. 课程功能定位（见表 3-10-3）

表 3-10-3　课程功能定位分析

对接的工作岗位	对接培养的职业岗位能力
变电所值班员	1. 电气图的识读
	2. 电气图的绘制

3.10.3　课程目标与内容

1. 课程总目标

学生学完本课程后应具备以下能力：

（1）熟悉 AutoCAD 的操作界面，掌握 AutoCAD 绘图命令的操作方法、编辑命令的使用，掌握图层、图块、文字、表格、图案填充的创建与编辑。

（2）能熟练掌握 AutoCAD 绘图技巧，掌握电气制图的基本规范和要求，具备综合应用 AutoCAD 绘制电气工程图样的能力。

（3）具有自觉遵守电气制图的标准、规程和规范的作图习惯、良好的职业道德观念。

2．课程具体目标（见表 3-10-4）

表 3-10-4　课程教学目标

序号	毕业要求指标点	知识目标	技能目标	素质目标	教学内容
1	AutoCAD 界面识读	AutoCAD 的操作界面	认识 AutoCAD 界面		AutoCAD 界面识读
2	掌握 AutoCAD 的绘图操作方法	AutoCAD 绘图操作方法	AutoCAD 界面识读，绘制电阻、电容、电感、二极管符号	培养计算机软件应用能力	认识 AutoCAD 界面，熟悉直线、对象捕捉、正交、偏移、圆弧、复制、正多边形、操作
			绘制三极管、充气光电管、光敏电阻符号		熟悉圆、多段线、点、填充、删除、矩形操作
			绘制电动机、三绕组变压器、逆变器、放电管荧光灯起动器符号		熟悉延伸、文字、阵列、镜像、旋转操作
			绘制动合触点、熔断器、摄像机、分线盒符号		熟悉修剪、折断、移动、分解、倒角、缩放、圆角操作
			绘制三相异步电动机带限位的正反向控制线路图		熟悉图形界限、表格、图层、图块、标注操作
			绘制主供电线路图		实训考核

3．课程教学内容（见表 3-10-5）

表 3-10-5　课程教学安排

序号	项目（模块）	任务（单元）	教学内容	重点、难点、考核点	学时
1	AutoCAD 认知	认识 AutoCAD 界面	AutoCAD 界面识读	AutoCAD 界面	2
2	电气符号绘制	绘制电阻、电容、电感、二极管符号	熟悉直线、对象捕捉、正交、偏移、圆弧、复制、正多边形操作	直线、对象捕捉、正交、偏移、圆弧、复制、正多边形	6
		绘制三极管、充气光电管、光敏电阻符号	熟悉圆、多段线、点、填充、删除、矩形操作	圆、多段线、点、填充、删除、矩形	8
		绘制电动机、三绕组变压器、逆变器、放电管荧光灯起动器符号	熟悉延伸、文字、阵列、镜像、旋转操作	延伸、文字、阵列、镜像、旋转	8
		绘制动合触点、熔断器、摄像机、分线盒符号	熟悉修剪、折断、移动、分解、倒角、缩放、圆角操作	修剪、折断、移动、分解、倒角、缩放、圆角	8
3	绘制控制线路图	绘制三相异步电动机带限位的正反向控制线路图	熟悉图形界限、表格、图层、图块、标注操作	图形界限、表格、图层、图块、标注	8
4	绘制主电路图	绘制主供电线路图	实训考核	考核	8

注：每个任务（单元）最多不超过 12 学时。

3.10.4 课程考核

课程考核采用过程性考核和项目考核相结合的方式。过程性考核占 50%，项目考核占 50%。形成性考核包括课堂考勤 10%、课堂表现 10%、作业 30%。项目考核指实训后期完成项目绘制。

3.10.5 实施要求

1. 授课教师基本要求

（1）具备制图基础知识、电力系统专业知识，具有 AutoCAD 基本操作技能。

（2）具有高等学校教师资格证书。

2. 实践教学条件要求（见表 3-10-6）

表 3-10-6 AutoCAD 机房

实训室名称：高铁牵引变电所仿真实训室　　　　　　　　　　　　　　　面积要求：100 m²

序号	核心设备	数量要求	备注
1	教师机	1	安装 AutoCAD 软件
2	学生机	60	安装 AutoCAD 软件

3. 教学方法和策略

（1）教学方法：主要采用演示教学法。

（2）教学策略：在教学过程中，可以采用任务式教学，根据教学内容编制教学任务，让学生在课堂边学习边完成任务，使学生能更快掌握 CAD 的使用方法。

4. 教材和数字化资源的选用（见表 3-10-7、表 3-10-8）

表 3-10-7 电气工程 CAD 课程教材选用

序号	教材名称	出版社	主编	出版日期
1	AutoCAD 电气工程制图	北京邮电大学出版社	傅雅宁	2018.1

表 3-10-8 电气工程 CAD 课程参考教材选用

序号	教材名称	出版社	主编	出版日期
1	AutoCAD 电气设计	电子工业出版社	谢宏伟等	2010.1
2	电气制图	中国铁道出版社	黄绘	2014.6